流沙河先生（1931、11、11—2019.11.23），四川金堂人，诗人，作家，学者。著有《故园别》《十二象》《锯齿啮痕录》《庄子现代版》《Y先生语录》《书鱼知小》《文字侦探》《白鱼解字》《正体字回家》《字看我一生》等。

文字侦探

流沙河 著

新星出版社
NEW STAR PRESS

图书在版编目（CIP）数据

流沙河解字三书．1，文字侦探／流沙河著．－－北京：新星出版社，2020.11
ISBN 978-7-5133-3508-9

Ⅰ．①流… Ⅱ．①流… Ⅲ．①汉字－研究 Ⅳ．① H12

中国版本图书馆 CIP 数据核字 (2020) 第 197296 号

流沙河解字三书．1，文字侦探

流沙河　著

责任编辑： 高晓岩
责任印制： 李珊珊
装帧设计： 冷暖儿

出版发行：	新星出版社
出 版 人：	马汝军
社　　址：	北京市西城区车公庄大街丙3号楼　　100044
网　　址：	www.newstarpress.com
电　　话：	010-88310888
传　　真：	010-65270449
法律顾问：	北京市岳成律师事务所

读者服务： 010-88310811　　service@newstarpress.com
邮购地址： 北京市西城区车公庄大街丙3号楼　　100044

印　　刷：	北京美图印务有限公司
开　　本：	889mm×1194mm　　1/32
印　　张：	6.125
字　　数：	80千字
版　　次：	2020年11月第一版　　2020年11月第一次印刷
书　　号：	ISBN 978-7-5133-3508-9
定　　价：	420.00元（套装）

版权专有，侵权必究；　如有质量问题，请与印刷厂联系调换。

题 解

小时候读《福尔摩斯探案》入迷,就想做个侦探,专破世间疑案。四十年代后期,上高中后,偶遇一套蓝封面的侦探小说丛书,上海印行,内容也很精彩,便一本接一本借来读完,更想做侦探了。这是因为我这个人从小体弱多病,嬉闹扑打不行,所以退而耽于梦想。其实自己胆小口吃,交朋友都困难,哪能是做侦探的坯子,十足妄想可笑而已。

混到青春年华,忽遭"五七"大祸。人生由此急转直沉,不敢再萌生任何妄想了。天天从事劳役,时时提防周围,务求苟活。孤灯不寐,窥读东汉许慎《说文解字》。一不小心,深潜下去,捞到快乐。这才发现,解说文字好比侦探破案,进程曲曲折折。必须从典籍里翻查主证,又须从语词里找到旁证,还须从百科知识里觅得印证,更须有胆有识，动摇权威的旧说，自创切实的新解。这样做了，方能少办冤假错案。此后攻读文字学著作十多种，做了七八本笔记，总题"字海漫游"。俯首暗笑，我终于做成侦探了。哪知快乐短暂，"文革"忽至，就被抄家，搜查出来，拿去毁了，令我心伤，还不敢说。此后更加黑暗，只好拼命劳作，挣钱糊口，遂与文字绝缘，偶有偷读而已。

光阴迅速，风风雨雨又混过四十年。退休以后，我就再做。这回做侦探，不必偷偷做。有贤内助为我备一张大案桌，六尺六寸长，三尺宽，堆满典籍资料和工具书，翻查方便。南窗外有高楼，为我隔绝市嚣，遮断坌尘。此处正好深潜下去，细找线索，勤搜证据，冥思静想，大过其侦探瘾。也是苍天眷顾弱者，乃有《流沙河认字》今夏出版，明年还将有这本小书《文字侦探》出版。这本小书比《流沙河认字》更加通俗易懂。但愿我能少办一些冤假错案，免得仓颉夫子骂我呸我。

老实说吧，写书未想过"为人民服务"（请问谁是人民），也未想过为人民币服务（那点钱太少了），我只是图个过瘾罢了。独坐书房窗前，俯身大案桌上，我就是文字学的福尔摩斯了。读者看我怎么破案,我便洋洋自得,有成就感。心情一舒畅,就延年益寿,比吃啥补药都强。这样说来,我倒该感谢亲爱的读者。

感谢古老的汉字,收容无家的远行客。

感谢奇妙的汉字,愉悦避世的梦中人。

流沙河

二〇一〇年十一月八日成都大慈寺路

目 录

天 地	1	南 北	44
河 岳	4	进 取	47
风 雷	7	斗 争	51
星 辰	11	公 私	55
男 女	14	集 会	58
父 祖	17	兵 法	61
考 妣	20	折 腾	64
人 民	23	书 史	68
干 戈	26	真 信	72
国 家	30	教 育	76
君 王	33	复 兴	80
明 圣	37	工 作	84
东 西	41	九 万	88

初表	92	执丐	139
尺寻	96	帮贫	143
吉凶	100	楼层	147
善良	104	机车	151
美丽	108	盗窃	155
儿孙	112	告警	158
麦面	116	春秋	161
酒食	120	年富	165
单恋	124	我族	168
相亲	128	康宁	172
医药	132	要的	176
商艺	136	到今	179

天 地

该怎样造天字,难坏了我们的祖先。天,抬头就能见到,古人谓之"彼苍苍者"。奈何头上的这个天,本无一定之形。以管窥之,天是圆形。从窗口望出去,却是方形。想来想去,天空无形可象,不能用象形的办法造天字。不能象形,就象意吧。所谓象意,就是让你看图画猜意思。距今三千五百年前,商代的甲骨文(刻在龟甲和牛骨上的古文字)最早使用天这个字。看下面这两个甲骨文便是用象意的办法造出来的天字。第一个天,大字头顶画个方形,暗指

篆文

金文

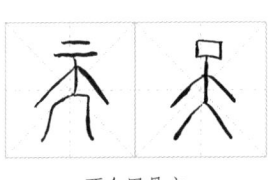

两个甲骨文

天空。这正是造字者从方窗口望出去所看见的。第二个天，大字头顶添个上字（注意不是今之二字），暗示头顶之上是天。至于大字，本象人形，也就当作人字认了。古文字欠周密，请原谅古人的混用吧。

到周代的金文（铸在青铜器上的古文字），天字变成大字头顶画个圆形。或许这时候已经有"天圆地方"的说法了？如果圆形暗指天空，那就不好说这是头颅了。后来又到篆文，再变，圆形变成横杠。这一横杠暗指天空，而非今之一字。到东汉许慎著《说文解字》，乃曰："天，颠也。至高无上。从一大。"天颠二字音近。以颠释天，古人谓之音训。颠本指人的头顶，用在这里却指无限高的天空。

地字从土也声，是形声字。从土，是说土字参与字义。也声，是说也字作为声符。地古音yǐ，与也yě音近，所以用也字作声符。《说文解字》认为也字乃象女阴之形。后人据此创说，地属坤道，为阴为女，所以地字是由女性器官参与字义。此说太玄，恐不可取。须知也字只是声符而已，并不参与字义。解说文字，不可标新立异，悚人听闻。

甲骨文和金文不见地字，只有土字。土字象土块形，下

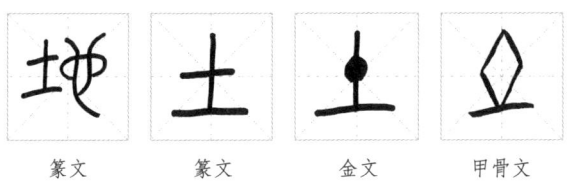

| 篆文 | 篆文 | 金文 | 甲骨文 |

横为地平面。在甲骨文，土和社本一字，土即社，社即土。古人以土块为神祇，崇而拜之，祈求丰年。后世乡村有土地庙，供奉土地公公，又称社公。春季拜土地神，谓之春社。村民聚会娱神，就叫社会。社会一词，竟然是这样产生的，想不到吧？

河 岳

河字从水可声。商代甲骨文的占卜文字,通称卜辞。内容多有"涉河""燎于河""求年于河"的记载。涉河即渡河。燎于河是燃篝火祭河水。求年是求河水勿泛滥淹禾稼。这些河所指皆黄河。甲骨文河右旁象河流蜿蜒形,左旁是枝柯的柯字,作声符用。那时柯字简单,只有两画,象枝柯形。到了篆文,枝柯加口成可,仍旧作声符用。原先在右旁的河流移到左旁,笔画也复杂了。先民观察河流,河心的主流流速急,靠近两岸的旁流流速缓。流速急的笔画拉通,流

篆文

甲骨文

速缓的笔画中断。篆文水就是这样写的。水体本身无形可象，只好借河流的形象当作水字。楷书简化成三点水，已失河流形象。

繁体　　　篆文　　　古文岳　　甲骨文岳

甲骨文没有单个的山字，但有岳字。甲骨文岳下部象山之形，也就是山字了，只是不见单独出现而已。远古先民以三为多，所以画三座山表示群山。甲骨文岳中部象植物形，而上部还有山，表示崇山峻岭。后来又有了古文岳，其结构为山上叠丘（画两座山则表示这是丘）。想是高山有雾岚吧，所以古文岳字上丘下山而中间留空白，暗示被雾岚遮住了。这个上丘下山的岳显然是由甲骨文岳演变来的。这个岳比篆文嶽出现更早，所以称它为古文。古文在前，篆文在后。

卜辞有"求年于河"的记载，也有"求年于岳"的记载。河专指黄河，岳专指中岳嵩山，都在商朝管辖区内，所以要向河岳祈求农业的丰收。

今人规定岳做简化字，嶽做繁体字，似乎先有嶽字，后有岳字。其实正好相反，嶽字晚出，前已说过。嶽字形声，从山獄声。单看监狱的獄，亦颇有趣。你别误会这是以言治罪。獄字从言，却与言论无关。古人造字，该用辛字组装时，偶然用言字顶替。篆文言的写法乃是辛字下面一口。辛是锓刀，用于黥刑，给罪人额上刻"黥印"，所以用辛表示治罪。左右各一犬在那里守着，应是严防越獄。獄，今简化为狱了。

风 雷

风字繁体作風，从虫凡声。凤字繁体作鳳，从繁体字鳥，亦凡声。风从的虫是繁体字蟲的省略。从虫与从鸟差不多。古人称鸟类为"羽虫"，鸟也算是虫嘛。考察起来，风凤最初本是一字。远古先民相信，刮大风是由于高天上过凤

| 繁体 | 篆文 | 甲骨文 |

| 繁体 | 篆文 | 甲骨文 |

鸟。甲骨文风与凤写法几乎相同，皆象鸟形，头耸冠毛，鼓翼奋飞。微有别者，风带雨点而已。忆我幼年，春末大风沙，吾母警告说："天上正在过九头虫！"可知传说起于远古。《庄子·逍遥游》写大鹏北冥飞南冥，驾乘飓风，高九万里。从语源说，凤和鹏古音同，所指同源，想系神话产物。说得漂亮就是商民族的"玄鸟"，羽毛炫目，五色斑

篆文　　金文　　甲骨文

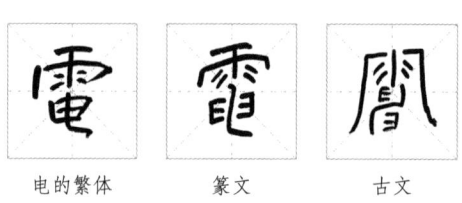

两个甲骨文雨

电的繁体　　篆文　　古文

斓，见则天下太平。说得恐怖就是楚民族的"鬼车"即九头鸟，摄小儿的灵魂，沿途滴血。说得理性就是动物园的孔雀。孔，大也。雀，鸟也。人问："孔雀与刮风有关系？"他回答不出来。有了这种科学理性，神话还值得去研究吗？

风凤皆以凡为声符。凡是何物？一说是帆。船帆式样都差不多那个样子，引出平凡一义。另一说是盘，繁体作盤。甲骨文凡象形，侧看确实像长方形的传菜木盘，也讲得通。

雷电同时发生。光速快，声速慢，所以先见闪电，后闻雷声。甲骨文雷象折枝闪电形，这比常见的根系闪电要强烈一些。两旁菱形象球状闪电形，俗呼地滚雷，强烈更甚。金文加添雨头，折枝闪电照旧，地滚雷则添成四个田字。这当然非田字，雷和农田没有关联。想来该是四个车轮之形，因为圆形不便锓刻，所以方了。"车走雷声"（李商隐句），比车声如雷之轰隆，乃有雷车一词。旧时雷神塑像，面黑嘴尖，执锤敲凿，蚩氓以为轰隆之声是在开山。更有趣者闪电娘娘红衣红裙，两手各举圆镜，镜与镜之间有一绳相连，所以叫"扯火闪"，真是她在举两手横扯呢。到了篆文简成三轮。最后简成独轮，是为隶变。

顺便说说雨字。两个甲骨文，一象檐溜形，一象瓦沟流水形。电字繁体作電。古文电雨头下双手拉伸一绳，这是申字，作声符用。后人不明白，以为闪电是两手拉扯出来的，所以雷神塑像如此。还有，这个申字作为符号表示电力，今常见之。

星 辰

先民计数困难，一二尚能分晓，三以上就糊涂，笼统称多。三就是多，所以山上树多叫森，原上草多叫莘，家中财多叫鑫，夜天上亮点多叫星。森、莘、鑫、星的语源都是三，读音也近乎三，表示多。难怪杂货铺又叫星货铺。请看三个甲骨文星，五颗的和两颗的皆方星，便利锲刻。不过也有圆星三颗，就像今之晶字，而在三千五百年却是星字古写。此星字由三日组成，或许暗示恒星都是遥远的太阳吧？至于五颗的和两颗的，是用生做声符。地面上有一株小草，

篆文

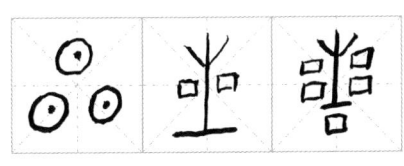

三个甲骨文

象意，就是生。到篆文添一横，土上小草方才是生。今之星字，从日（日象星形）生声，是形声字。汉字百分之九十都是形声字，好认。

与古希腊星空神话不同，华夏星空乃是人间事物的天上版，绝少神话。这些星座皆有世俗名称，例如帝座、三垣、市场、监狱、厨、库、车、弓、箕、狼，甚至屎、棒、积尸气，总之缺乏趣味。吾国先民重实用而轻想象，盖自古已然。

篆文　　　甲骨文　　　两个篆文晨

辰字原是蜃的古写。蜃下的虫是后来添加的。蜃是一种巨型海蚌，壳厚而坚，略呈三角形状。壳之大者二三尺长，一尺多宽。先民用壳磨成蜃刀，拿去耕地；锉成蜃镰，拿去割禾。这比石刀石镰先进多了。蜃壳做了农具，所以农的繁体農字从辰。蜃肉藏在壳内，有似胎藏母腹，所以怀胎叫娠。蜃壳一张一闭，有似嘴巴开合，所以嘴皮叫唇（繁体作脣）。甲骨文辰象形，三角形壳，壳内伸出脚来。辰既然是巨型海蚌，怎么又与天星扯在一起，叫星辰呢？

请细说之。天穹苍龙七宿乃是七个星座，角、亢、氐、房、心、尾、箕，自西向东横排，夏夜南天可见。房宿四星，龙的胸房。心宿三心，龙的心脏。如果天刚亮时，看见房心二宿闪亮在正南方天空，先民便知春耕时节到了。这就是《国语》上说的"农祥晨正"。古代中原称呼房宿四星为农祥星，又名晨星。篆文晨最初是辰上一晶，可知本为星名，就是辰星。心宿在房宿东，古称大辰。房心二宿在古代是农夫的保护神。蜃壳农具代表农耕，所以作为星名的晨字从辰。至于早晨和时辰，乃是后起的衍义。

男 女

男字从力从田。农耕社会,努力做庄稼,在田间操作,便是男。看似好认,实则不然。先拿甲骨文说,就有疑问。田是何物?在商代卜辞里,多数田字指狩猎活动,少数田字指农耕活动。三个甲骨文都从又(右手),表示操作。田

篆文　　　两个金文

三个甲骨文

呢，很可能是猎田。田字象意，四面包围，纵横搜索。田是猎场，或曰围场（河北有围场县）。当然也可能是农田，右手表示田间操作。再看金文，手腕加长成臂，亮开膀子大干。只是其一不像手臂，因为一端有手抓住，应是扶犁而耕。到篆文更像犁。犁田是重劳动，可知男指青壮农夫。男到西周为公侯伯子男五等贵族爵位之末。那时成年男性称士而不称男。汉代又变，《说文解字》："男，丈夫也。"丈夫是说身高周尺一丈，合今一点七公尺。

三笔写一个象形的女字，教人不得不服。为何女字像屈身下跪？清代两位说文大师，段玉裁说："象掩敛自守

篆文　　　甲骨文　　　篆文母

甲骨文　　甲骨文乳

之状。"王筠说："在人下，故诘屈。"都在歧视妇女。华北妇女屈膝坐炕做女红正如此，非跪姿也。甲骨文交双手，女红正在做着。不过，说双手交叠在腹前，仪态规范如此，也通。《说文解字》："女，妇人也。"男和女是一双对应概念。同样，丈夫和妇人也是一双对应概念。特殊而言，已嫁者称妇人。一般而言，未嫁者亦可称妇人。

母字写法竟是女身上加两点。母之异于女者，看来看去，唯此两点而已。审视篆文和甲骨文，乃知此两点者乳房也。女子婚后最显著的变化便是胸前凸出。造字者加两点便搞定，何其聪明！

乳字动词，《说文解字》释为鸟类产卵。许慎的根据是字从乙，乙是燕子；从孚，孚是孵卵。今人在甲骨文里找到了乳字，就像看图识字那样，恍然大悟。哪有什么鸟类产卵之象，明明是母亲奶孩子嘛。文字古今演变，有时由繁而简。母体简笔成乙，乳房省了。双手揽抱简笔成爪（抓）。张大嘴巴的子也简笔成普通子了。可知乳字左旁既非孚字，右旁也非乙字。许慎未见过甲骨文，遂有此误。

父 祖

石器时代多有石斧留存至今,博物馆能见到。小斧无柄,长三四寸,右手把握。看这父字,本非father,乃石斧也。甲骨文父从又(右手),握一短柱,问是何物。如果柱长,便该是杖,握杖执法。许慎认为是杖,所以《说文解

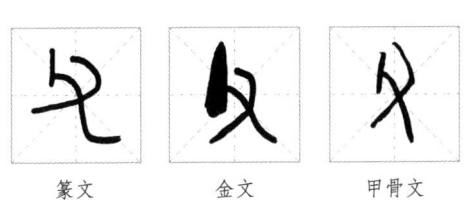

篆文　　　金文　　　甲骨文

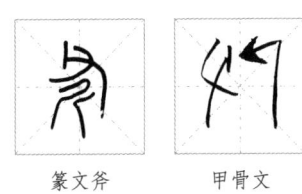

篆文斧　　甲骨文

17

字》:"父,矩也。家长率教者。从又举杖。"父为一家之长,举法杖以教子弟,率教听话。率音lǜ。今我川人误作"落教",不知率教古语。石器时代尚无家长概念,那时的人"知有母而不知有父"。何况篆文和甲骨文父,右手握的皆短柱,岂能视之为杖?许慎错了。父就是后来的斧字。周代男子成年典礼,头加冠冕,腰挂短剑。金文与时俱进,父字变石斧为短剑,尖锐其锋。篆文又退回去,同甲骨文。石斧和短剑,成年男子才使用。于是成年男子通称曰父,例如渔父、樵父、屠父、伧父。父指家中长辈,包括生父在内,已是晚起的称呼了。

斧字从斤父声。篆文和甲骨文斤字象形，指长柄斧，用于砍树。斧斤二字连用，斤也属斧，不过柄比常用的斧长些罢了。请看甲骨文斧，左斧右斤。斤柄向前倾，夸张成屈折。斤头本弧形，夸张成箭头。斤头以铁造，重量有规定。后世用作计量单位，一斤十六两，今则十两，合五百克。

祖字从示从且zhú。且字象形。旧时人家堂上供奉有神主牌，牌上黑漆金字直书"某氏堂上高曾远祖之神位"，正是且字形状。祖宗无形可象，不得已而用神主牌象征之。神主牌俗呼为"先人板板"，子孙后代不时燃香点蜡，跪拜致敬。且字争议颇大，最风行的说法是且为男性器官象形，而神主牌之说难以悚人听闻，被边缘化。

祖字左旁示字，又是何物？《说文解字》："示，天垂象，见吉凶，所以示人也。从二（二是古文上字），三垂日月星也。"意谓上天显像，警示下民，告知吉凶。此说虽然显得完美，奈何甲骨文示一横之下一竖，上天日月星全都不见了。最风行的说法是示为男性器官象形，亦生殖崇拜也。不过也有说是祭天杆的。天无形象，立高杆以象征之。后世华表即祭天杆之变形者也。

考 妣

考字原指父亲，不论是健在的已故的。考字要说清楚，请先说老字和孝字，这样方便一些。老字甲骨文画侧身一老叟，长发遮脸，佝背站立，向前探手，一副战战兢兢的样子。金文和篆文探前的手变成匕字，实无道理。这个误增的匕，让

老字不好讲。幸好有甲骨文保留真相，我们才敢断言，匕是手的讹变。如果匕还原成手，抚摸一小子的头顶，这便是孝字的篆文了。老叟膝下，小子承欢，便是现场尽孝。如果小子跑掉，加个古文的柯字做声符，那就是考字了。

考字下面的丂kē，在古文是枝柯的柯，象形。请看可字，正是从口丂声。同样，考字也是从老丂声。不过考所从的老字探前的手已省略了，所以确切说应该是从老省，丂声。

考字父亲原义，今仅存留墓碑之上，平常称呼已不使用。常使用的是考试、考核、考察。这些考皆借用，本来应该用攷。攷就是晚造的敲。古人检验陶器，敲敲听声，便知好坏。攷字《新华字典》不收，《参攷消息》报头却偏要用，怪哉。

妣字原指母亲，不论是健在的已故的。妣字篆文从女比声，是很一般的形声字，不足奇。奇在妣字的甲骨文，既无女旁，又无比声，有点像阿拉伯数字的5，这也就是今之匕bǐ。这个匕在《说文解字》有两种说法：一说匕为"反人"，亦即人字之反；一说匕是饭匕，盛饭用的瓢儿。这未免太奇怪，一个匕字，既像"反人"之形，又像瓢儿之形，岂有此理。此乃一大疑案，专家争议至今。不揣浅陋，试说如下：

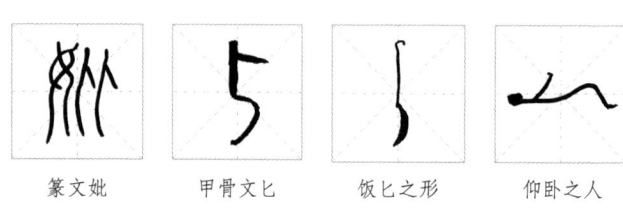

篆文妣　　甲骨文匕　　饭匕之形　　仰卧之人

甲骨文匕字有两种说法，这是因为匕虽一字，却象两形。要说奇，也真奇。我们从右边向左看，甲骨文匕是"反人"。反，翻转也。人字翻转谓之"反人"。古代人字专指男人，象俯卧撑之形。翻转成匕，仰卧形了。这就叫"反人"，专指女人。男俯在上，女仰在下，此乃古今最常有的姿势。造字用正反以区别男女，十分简妙。同一个匕字，我们若从左边向右看，却变成饭匕之形了。所以匕有二形二义。

匕为女人。比字从二匕，其义为比喻、比较、比赛。古今人情不远，女同胞们聚会，爱互攀比嘛。

人 民

人字古文使我困惑多年："人为何要下跪？人不能站起来？"后来明白，造字之初，人字专指男人，正如英文man和human。猜想人字跪膝、佝腰、撑臂、俯身之形，乃是男人做爱最常有的姿势，所以人指男人。人字翻转成匕，俯身变成仰身，即指女人。造字者教我们从姿势识别男女两性，盖无疑矣。

二人相随为从。从字见形知义，不劳解说。

人二为仁。仁字是说人要亲爱他人，体现儒家理想。甲

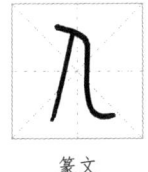  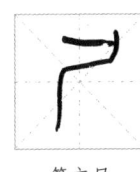 

篆文　　　甲骨文　　　篆文尸　　　甲骨文尸

骨文无仁字，早期金文亦无。春秋始有仁爱之说。

人止（趾）为企。企字义为踮起脚跟。踮起脚跟望得远，曰企望。企望未来作策划，曰企划。踮脚走路名企鹅。

尸字决非死尸。死尸繁体作屍，为晚造字。甲骨文尸象人蹲踞之形。商代卜辞常见"尸方"，乃指山东半岛，因为彼邦之人习惯蹲踞，不像中原的文明人席地而坐。尸夷二字古音相同，所以"尸方"之人后来又称东夷。

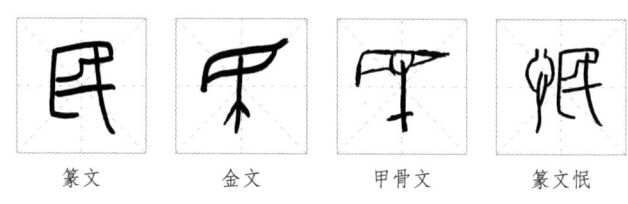

篆文　　　金文　　　甲骨文　　　篆文昵

昵字从尼日声，义为亲热。而尼，分解开来，尸在匕上。尸也属于人，人又专指男。男尸在女匕上亲热，又读日声，这个昵字是啥意思，就不摆了。

民字象形，锐器刺目使瞎，应该是最早的盲字。从目亡声的盲，甲骨文和金文都没有，当然是晚造字。早期造出来专指眼睛瞎，只有这象形的民字，音义皆等同形声的盲字。也就是说，民即盲也。远古歧视战俘，语言侮辱，贱呼为民（骂人家瞎了眼）。战俘拿来做了奴隶，仍称为民。卜辞有"卯民"的记载，与"卯牛"和"卯羊"一样，把奴隶当牲口杀了祭祖。后来民的称呼扩大范围，凡被统治者都可称为民，字或作氓。篆文民字变形，必须细心慢审，方能看清楚锐器刺目之迹象。从瞎眼的民，到民主的民，古今多少辛酸泪。

恾māng字从心民声，据《说文解字》转训乱，乃指人的头脑紊乱，心盲胆大。这类人四川话叫莽子，莽读māng。准确书写，其字应作恾。前人引老子言"民不畏死，奈何以死惧之"，殊不知老百姓最怕死。有父有母有妻有子有家产，哪有不怕死之理的？不怕死的有，是那些心盲胆大的恾子。"民不畏死"民是借字，本该作恾。老聃的意思是，那个人是恾子，不怕死，你何必恐吓他，不是说老百姓都勇敢不怕死。

干 戈

干字原象盾牌之形。据汉代扬雄《方言》说，函谷关以东叫干，以西叫盾。本是一物，叫法不同。甲骨文干，矩形竖执的所谓挡箭牌，中有窥孔，上有饰缘，下有插杆。金文和篆文变形走样了。古人作战，执干遮挡矢石，冒着锋镝前

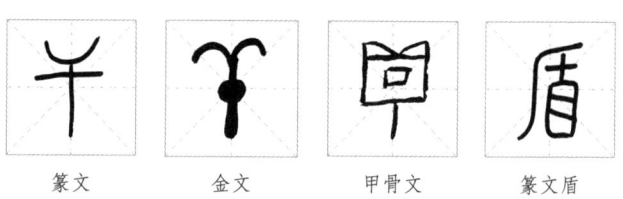

| 篆文 | 金文 | 甲骨文 | 篆文盾 |

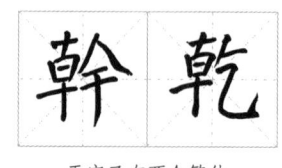

干字又有两个繁体

进，遂有干冒、干犯、干扰、干预、干涉以及不相干之说。干女为奸，性侵犯也。

干本是正体字，古已有之。现今却被指定兼任幹gàn乾gān二字的简化字。干部本作幹部，原指树之主幹。主幹上有旁枝，干支从幹枝来。十干配十二支，用纪年月日时。树幹负担重任，遂有幹革命以及幹不幹之说。幹简化成干gàn，与干戈不相干。至于乾字，用于乾坤读qián，用于乾湿读gān。乾饭、乾脆、乾净、饼乾、薯乾、豆腐乾都简化成干，也与干戈不相干。

盾字象形。若从左向右看，便能看出那是一目躲在盾牌之后，窥视敌人。目上十字表示目光直射。人在盾牌后面躲着，所以遁训隐，例如遁迹空门。

戈字象平头戟之形，可以砍钩两用。戈古音与戟同。金文戈比较像实物，不过下端并非三股叉，只是铜制小圆镦。楷书戈字下部的斜撇和长钩使人迷惑，猜不透是个啥。对照甲骨文看，原来这斜撇和这长钩是柄端的小圆镦，夸大变形，认不出了。

伐字从人从戈，士兵肩扛平头戟去征伐，是象意字。征

金文　　　　甲骨文　　　　甲骨文伐

甲骨文武　　甲骨文我

伐属于事,而不属于物,无形可象,只好象意。

　　武字从止从戈,古人都说"止戈为武"。此话意思是能使战争不发生,才算得上武。话虽漂亮,却不符合古代实际情形。古代集体舞,执兵器跳的,称之为武。武即武舞。从止(趾)表示跳舞用脚,进退跺踊,踏着节拍。从戈是执兵器做道具。武王伐纣,前歌后舞。歌是战歌,舞是武舞。

　　我字当初造出来时,并非为了第一人称使用。幸好清代末年发现了甲骨文,否则我是何物永远搞不清楚。细看甲骨文我,从戈表示这与兵器有关。戈之左旁象形。象何物之形?竟然是猪八戒的钉钯。后世改进,名曰镋钯。成都有镋钯街，在明代大慈寺山门外。传说和尚在此练习锐钯，故名。由此可知，我字借来指称自我，为时既久，锐钯本义遂被遗忘，如流浪儿童忘记了归家路。

国 家

国的繁体國字，外围长方形是国界。国界内小方形是都城。都城南北有护城河，旁有戈守。最早的甲骨文国字简单，方形是城，戈以守之。当时所谓国指的乃是城，有武装守护。"禹会诸侯于涂山，执玉帛者万国"，可见那时国之

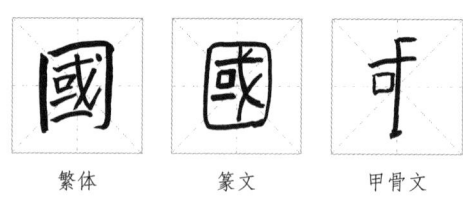

繁体　　　篆文　　　甲骨文

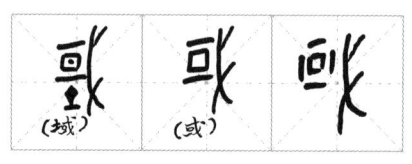

三个金文

众多，恐怕相当于现今的小镇。到了金文，城外增设隍沟，今人叫护城河。金文的或guó就是后来的國字。又有在或字下添土字的，写出来便是域guó，同样也是后来的國字。鲁迅译《域外小说集》，域外即國外，域不读yù而应读guó。鲁迅在东京求学时读过《说文解字》，知晓域为或的异体字，是國字的古写。

篆文

想象的家字

想象的家字

金文或字是后来的國字。周代初期國太多了，你若单说一个國字，既可能指A國，又可能指B國，甚至C國D國，不能确定。所以，凡事物之不确定者，谓之"或许""或然""或者"，而或下加心又成惑，皆因國太多了，使人迷惑。

清代太平天国造出国字，此字从王。这个政权封王一千六百多个，遍地称王。简化国字从玉，多出一点，有别于太平天国。

古称邦家，不称国家。国，都城。家，家庭。国有王，家有长。史前曾有过母系制社会，一家之中主政者为女性。女家长统领下，氏族内部血缘承接关系当然按照母系认定，难怪"胡儿知有母而不知有父"。那时婚姻制度"招郎上门"，男迁就女，这种行为叫家（后世女迁就男，家改叫嫁）。家本来是动词。先民觉得男迁就女这种行为，好比公猪牵往母猪那里进行配种，所以造出屋盖下的一头豕的家字，作动词用。

看篆文家，那一头豕并未标明性别，怎知就是公猪？看甲骨文却有在腹下添一画，而知其为牡的。牡豕曰豭jiā。《说文解字》认为家字是豭省声。许慎想象动词家字应该是屋盖下一个豭，因嫌笔画太繁，省略成豕字，这就叫"豭省"。公猪称豭，四川人叫"脚猪"。豭声被读讹了，错写成脚。

母系制社会消亡后，仍有女婿上门习俗存在。上门女婿被贱呼为"寄豭"。秦始皇下令："夫为寄豭，杀之无赦！"算是肃清旧社会的残余吧。强化男性家长制，实有利于暴君废除封建制之分散，集中皇权于独夫之一身，何乐不为。

君 王

先有尹字,后有君字。卜辞有"多臣""多尹""多君"的记载,可见都是商朝的官员。篆文君字从尹从口。尹字象意,手执权杖。君不过多一张嘴巴罢了,亦属王臣无疑。多一张嘴巴,用来传达命令。猜想这君可能是地方上的

篆文　　　金文　　　甲骨文

篆文命　　篆文拱

33

首长，他要直接面对基层，向百姓讲政策，所以君字从口。请看篆文命字，正是屋下一人屈膝而跪，恭听一张嘴巴吩咐。这张嘴可以是君的嘴，王的嘴，或家长的嘴，总之是有权的尊者之嘴。卜辞的"多君"迥异于后来的君王。《说文解字》以尊释君，这叫音训。许慎用汉代的君王解君字的本义，算是与时俱进。其实当初造这君字，未见得有多尊，亦官员而已矣。

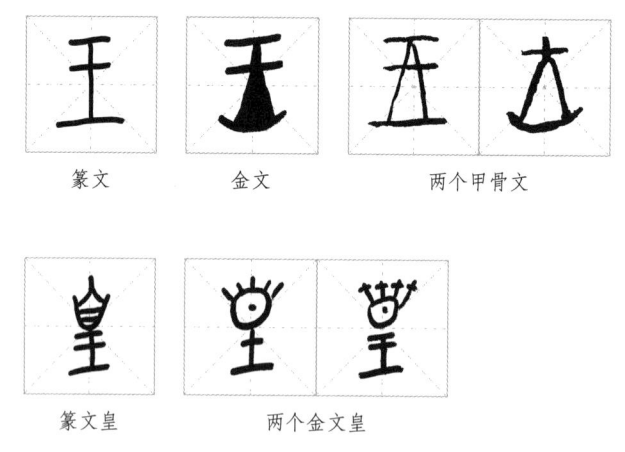

篆文　　　金文　　　两个甲骨文

篆文皇　　两个金文皇

君字金文，许慎说是"象君坐形"，乃系误解。他以为君就是指至尊的君王，坐在那里，拱手不做事情，只动动口，所谓"古之圣人垂拱而治"。其实拱古音jiǒng，乃金文君的声符，不参与字义。拱字篆文象左右两手打拱形。金文君左右手拱合拢来了。甲骨文君，易被误认用手舂臼，实则手执权杖，口传命令，非劳作也。

孔子说："一贯三为王。"王字三横，孔子认为代表天地人。中间直杠贯通了天地人，那就是君王。孔二先生不懂文字学，用儒家理想解字，解错了。从甲骨文看，王字象钺形。看金文钺形更明显。钺的弧形刃口向下，中间一横是钺柄的缩短，上面一横则是钺背。钺本武器，作为礼器，君王握着，象征威权。夏朝用玄钺，商朝用白钺，周朝用黄钺，都各有讲究。玄钺铅制，白钺银制，黄钺铜制。周武王伐商纣，握的正是黄钺。钺又名叫王斧，君王之斧。钺属斧类，通称斧钺。和平时期，君王不讨伐谁，整日握钺岂不太累。于是就在御座后面设置屏风，上画斧钺极大，显示威风常在。既然君王时刻不离斧钺，所以造字画钺表示这是王字，以钺代王，正像高速公路指示牌画餐瓢和叉刀表示此去有饭馆可进餐。

皇比王字晚造。金文皇从王，上象太阳发光形。《易经》说"日为君之象"嘛。太阳比喻君王，吾国古已如此，实不足怪。篆文皇太阳变成从自（鼻），以鼻代表人面，而下面王字仿佛皇爷坐在那里，实在无趣。

明 圣

朝霞映天是光明,篝火烧夜是光明,元宵看灯是光明,暗室燃烛是光明,月照东窗也是光明。光明虽然可见,但无一定之形可象。不能象形,那就象意。比较起来,月照东窗之明,这种象意最有诗意。明字象意,拆开看正好是月照东

| 篆文 | 金文 | 甲骨文 | 篆文夕 |

| 甲骨文夕 | 篆文多 | 甲骨文多 |

窗。小孩认字，不知不觉之中感受诗意，世间唯我汉字有此功能。

繁体　　　篆文　　　金文

三个甲骨文　　　掘字古写

篆文　　　甲骨文

甲骨文里明字很多，几乎都是月照东窗。稍有异者，窗框画出各种式样：方的，圆的；而窗棂则有横格的，纵格的，两横格的，十字格田形的，圆弧格三花的。日月双悬的明甲骨文里也有，不过很少。农历每月十五，西山日落，东山月上，为时短暂，亦非双悬。双悬是不可能的，所以日月明很少。

圆弧格三花的窗棂组装在圆框上，初见于甲骨文，后定型于篆文，隶变后便成为今之冏jiǒng，与窘是同音字。今人在网上同音借用之，泛滥到报刊上。按照《说文解字》许慎所说，冏字古音读gǒng（音拱）。古音今音之异，刚柔音变而已，其间本无是非可言。

月，圆时少，缺时多。造字取象于半边月。月中直杠，屈原说是"顾菟在腹"，后人说是嫦娥玉兔，今人说是静海梦海。借月字，减直杠，便是夕字，蜀人谓之晚夕，兴说"昨晚夕""今晚夕"。甲骨文夕，作夜字使用。重夕为多。一夜又一夜过去了，所以"去日苦多"。

圣字繁体作聖，从耳从口，耳口下面是声符。这个声符既非王字，亦非壬字。耳能听察实情，口能讲解道理，造字者给圣字下了非常好的定义。看三个甲骨文，先是一耳两口，能听双方意见。后来减去一口。又后来加人字在耳下，表明此人能听察下面的意见。到金文在人下又加土作声符，成形声字。篆文习承，不再改变。圣耐竟被简化成圣，能听察的耳不要了，能讲解的口不要了，换成一手刨土，便是圣人，莫名其妙。

那些创造简体圣字代替繁体聖字的同志们，显然不知悉古代早就有圣字，见《说文解字》，字义为"致力于地"，读音同窟。考虑到古今读音的变化，前辈已故小学大师杨树达先生说，圣与掘应当为古今字。这就是说，圣字本是掘字古写。甲骨文圣音kú，上为双手下为土，双手努力掘土。到篆文才变成一只手，此后定型。这个被强迫去代理繁体聖的圣字，拿时髦语言说，有点郁闷。

东 西

《说文解字》解释东的繁体東字,说是从日从木,日在木中。太阳升高到树中间,那边就是東方。原来神话传说,東海之外有大树名扶桑,每天早晨太阳缘树登天,照亮世界。许慎是在用神话解東字。另有传说,大树又名若木。其

繁体　　　篆文　　　　两个甲骨文

篆文櫜　　甲骨文　　篆文束　　甲骨文

实桑字上下拆开，便可以是若木二字。扶桑的扶，意思是大。大树若木的若，以音求之，可能指原产澳洲的一种尤加利树，树高可达百尺，为树木高度的冠军。吾国先民风闻海外奇谈，加以想象，遂有扶桑若木神话产生。神话美丽，可惜不真。待到清末民初甲骨文出土后，真相终于大白。

这才晓得，古人造出東字，不是用来指方向的。甲骨文東完全不像日在木中，这明显是一只长条形的编织袋子，两端开口，用绳捆紧。这种编织袋用麻布缝制，俗呼驮子，搭载骡马背上，装粮食用。東字象囊橐形，東就是橐。東橐二字甲骨文同。稍有不同者，甲骨文東强调麻袋纵横编织，甲骨文橐强调麻袋已经装满。東古音duò。公司取名東芝，日语呼TOSHBA，读音尚近東的古音。

東字后来借去专指日出之方，不得已，另造橐，以继承当初的长条形编织袋之义。

古人造出西字，同样不是用来指方向的。西字甲骨文象鸟巢之形，到篆文在巢上添一只栖息的鸟。鸟身隐巢内不可见，能看见的是喙、头、颈、背、尾，构图简洁美妙。西字本义就是鸟巢。巢字与西字，试拿篆文作比较，同样都是用鸟巢作主体。不同者，栖息的一只鸟变成了三只待哺的雏鸟，纷纷引颈向上求食。还有，篆文巢多一木，表示巢在树上，而篆文西省掉所在之木，仅此而已。推测起来，方言各异，甲地说西，乙地说巢，而所指的都是鸟窠。说西的写成棲，简作栖，亦巢也。

你会问："鸟巢与西方有什么关系？"

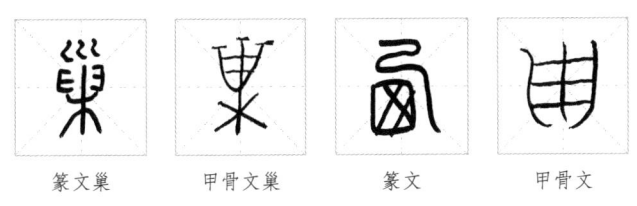

篆文巢　　甲骨文巢　　篆文　　甲骨文

原来雀鸟多属夜盲，天色渐晚，视力转弱，便看不清自己的巢，所以都筑巢在树林向着日落的这一边。在大片树林内，鸟巢并不是平均分布的。向着日升的那一边，鸟不筑巢。原因简单，黄昏时候雀鸟晚归，借落日的残晖，利于识巢。此时树林向着日升的那一边早已昏暗，看不清了。先民野外生存，观察细心，知晓这些常识。他们若说"西方"，意思是指鸟巢所在的那一方。东西南北，那是后来的说法。

南 北

三千五百年前,商朝卜辞已有东西南北四方。东西是借用字,已详前篇。南也是借用字。甲骨文和金文的南字是土陶烧制的钟形乐器,器口向下,悬在架上,敲击发声。南字象形,与钟形同,上有悬索。卜辞里借南字表方位,乃借其字音,非借其字义。这是第一个南,见于甲骨文和金文。

还有第二个南,出自另一系统,与第一个南在字形上毫不相干。《说文解字》所载的是第二个南,即篆文南。篆文南的字形大异于甲骨文和金文,是出自另一系统的古文字。许慎解释篆文南字:"草木至南方有枝任也。从宋羊声。"宋字注意,不是市场的市(市场的市上面一点)。宋字中间一竖拉通,由上而下。宋音fèi,做肺字的声符。又音pèi,做沛字的声符。篆文宋象草木枝叶蓬蓬勃勃之形。许慎的解释被后人误解，以为是说南方草木茂盛。其实是说一株植物，不论是草是木，向南方的枝叶最茂盛。北半球高纬度，此种现象特别明显。原始人观察一棵树识别方向，树冠浓密茂盛处的一方便是南方。草木向阳，在北半球就是向南。"南枝向暖北枝寒"，所以向南方的枝叶最浓密，最茂盛。篆文南字从市，表示枝叶蓬勃生长，包含着先民的观察经验。

古代战争，打了败仗，谓之"败北"。是说北方败给了南方吗？不是。败北之北不指方向，无关南北。北在这里作背字讲，北是背的古写。当初没有背字，只有北字，北就是背（篆文北象二人背靠背形）。双方打仗，面对面打。一方

败了，回头逃走，背向敌人，就叫"败北"。胜方追逐败方，就叫"追奔逐北"。

最早造这北字，只是用来指我们的背部，没有半点指方向的意思。背部要象形很困难，只好象意。甲骨文画两人背对背，表示这是背部。经过金文、篆文、隶书、楷书，直到现代的印刷体，北字仍然是两人背对背，不过都坐下来而已。

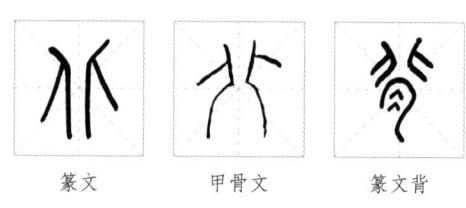

篆文　　　甲骨文　　　篆文背

背部的北怎会变成方向的北？前面说了，在北半球高纬度的黄河流域，房屋例皆坐北朝南，这有利于采光取暖，原因是太阳的视轨迹偏向南天。人坐室中，面向南窗。此时所谓北方，就是背向之方。岂止民居，便是庙宇、衙门、宫殿，莫不坐北朝南。朝廷谓之"北阙"，称孤必须"南面"，都不是毫无道理的。

进 取

进的繁体作進。篆文進有三从,一从隹zhuī(短尾鸟类),二从行省,三从止。隶变成楷书后,行省与止合成"走之",从隹仍然照旧。金文進同篆文。甲骨文進,尚未从行省,只从止。止(趾)象左脚形,从止表示和走动有关

繁体　　篆文　　金文

甲骨文　　篆文退

系。已经从止,不必又从行省,走动就是行走嘛,一回事。走动,行走,说的都是人类,这和鸟类有啥关系?若无关系,進字从隹便是一大疑案。许慎也觉得从隹没道理,所以《说文解字》不说从隹,而说成"蘭省声"。意思是進字用蘭做声符,省掉草头省掉门罢了,并非从隹,实在与鸟类没关系。一大疑案,许老夫子轻易解决,事情就搁平了。

不过我想另作解释。先民观察动物,发现兽类既能前進,又能后退,而鸟类却只能向前飞,不能向后飞,所以甲骨文用隹表示向前進。隹下一止(趾)不表行走,而表飞行。

顺便说退。篆文退同样有三从，一从日，二从行省，三从变形的止。造退字的思路与造進字相同。退从日，是因为太阳在黄道上自西向东退行。太阳东起西落，看似在向前進。古代天文学家知道太阳在黄道十二宫日日退行，谓之"日躔"。造字者用日来表示后退，正如用隹表示前进。進简化成进，是说前去跳井吗？进字不通，字形又不受看。

取得，取钱，取乐，皆快意事。今人已忘却取字的残酷，懒得过问取字为何从耳。《周礼》规定被俘之敌要"取左耳"，割下送到庆功大会献给神灵（他们也嗜血啊）。神龛上一堆血淋淋的耳朵，胜者坐在下面喝酒吃肉，够兽性了。虽然割取耳朵，这叫生取，算不错了。还有杀取，秦国打仗砍断敌头，割下左耳，拿去请功，更见恶劣。甲骨文取，从又从耳，右手拿着耳朵。不学认字，你会误以为是在掏耳朵。蜀人掏耳垢谓之"取酥耳"，掏得人全身都酥麻了，安逸得蹦。金文耳廓趋方，耳孔太大。篆文象左耳形，两划一点，甚妙。

看了馘guó字，你才晓得还有更恶劣的。馘字从首或声（或就是繁体国）。从首，是砍脑袋。杀死敌人，砍下脑袋，拿去请功。史称"秦人重首功"，脑袋砍得越多，军阶提升越高，打仗捞官做啊。脑袋多了太重，改成割耳朵。秦国战士腰系一绳，耳朵穿了一串，得意凯旋。这样才有了异体的馘字，从首改成从耳。为啥指定左耳？防作弊嘛。甲骨文馘，用眼睛和额头代表脑袋，戈做声符。

斗 争

斗dǒu，名词，包括餐具类的羹斗和量具类的米斗。甲骨文斗象羹斗形。古曰羹斗，今叫汤瓢。金文继承甲骨文，仍然像汤瓢。篆文乱变，就不像了。羹斗瓢体圆大而重，被视为头；瓢柄细长而轻，被视为脚。头圆大，脚细长，上重

| 篆文 | 金文 | 甲骨文 |

| 繁体斗 | 篆文 | 甲骨文 |

| 繁体 | 篆文 | 甲骨文 |

| 篆文缶 | 甲骨文 |

下轻，站立不稳，就会跌倒，所以叫"跌羹斗"。俗作"跟头"，不对。

金属瓢体曰魁，古名斗魁。木质瓢柄曰杓，古名斗柄。北斗七星，四颗星构成方形的斗魁，三颗星连成折线的斗柄，所以民间叫瓢儿星。羹斗之外，还有酒斗。古代聚饮，斟酒不用酒壶或酒瓶，而用酒斗（就是酒瓢）从酒坛舀出来，斟入杯中。明瞭这点，就懂得斟字为何要从斗。酒瓢伸进酒坛舀酒，瓢柄必斜。明瞭这点，就懂得斜字为何要从斗。"李白斗酒诗百篇"，一瓢酒而已，并非豪饮。

木制量具米斗无柄，呈正方立体空箱形，下大上小，像埃及金字塔拦腰横截不要上段。旧时一斗米重三十六斤。米斗二字组成料字，义为量米。作动词用，料就是量，所以蜀人说"料你娃不敢"或"量你娃不敢"。米斗之形，四壁斜坡而上，所以形容山势斗峭，谓其峭若斗壁。后人不懂，硬造陡字，写成"陡峭"。积非成是，由他去吧。

斗dòu，动词，繁体作鬥。看甲骨文才明白，是两人面对面，怒发上冲，互相抓扯，正要打架。篆文掩饰暴行，不见歪人出丑。繁体闹本来都从鬥，鬧是打鬧，鬩是"鬩墙"，都简化成闹和阋了。

繁体争字由篆文来。篆文是上面一只手，下面一只手，代表两个人，正在抢夺一支权杖。《说文解字》："争，引也。"引者牵引，拖拉。两人各自拖拉，彼此不肯松手放弃，抢夺之义自然显示，这是象意。抢班是争，夺权是争。抢真理是论争，夺领土是战争。古代最低级的争持，看了甲骨文才明白，是上下各一手在拖拉一只缶，蜀人叫瓦缽缽。繁体缽字从缶，简化成钵从金。既是瓦缽，从金大谬。篆文缶，拿掉上面做声符的午字，便留下缽缽形，一望而知。瓦钵钵是用来盛饭的,一日三餐赖此,不可或缺。民以食为天嘛,首先要争的是饭碗。

繁体鬥争二字,一旦联缀,就庄严起来了。

公 私

土陶烧制的巨型酒坛子，小口大腹尖底，蜀人叫内江坛子。附耳坛口之上，能听见嗡嗡的混响声。"其名自呼"，所以名瓮，繁体作甕，通称瓮坛。难怪感冒鼻塞，人说"说话瓮声瓮气"，某人鼻孔内有息肉堵塞着，被呼为"瓮鼻子"。甲骨文公，下面象小口形，上面表示嗡嗡声的传播，酒坛子的本体就省略不画了。这个公字是瓮字的雏形，后来才添瓦的。公本是瓮，甲骨卜辞中有"三公""多公""王公"。

春秋战国百家争鸣，法家韩非由于敌视平民拥有私产，害怕百姓富了不好统治，他又不懂文字之学，所以才著书说："自营为厶，背厶为公。"厶是私字古写。许慎外儒内法，《说文解字》乃云："公，平分也。从八从厶。八犹背也。"完全附合韩非之说。八原本是扒树皮的扒字,并无背离之义。厶象薏苡形,也没有私有之义。周朝的王公们自认为代表全民,于是有了"天下为公"之说,接着造出"公共""公平""公有"诸词,公字的本义从此隐没了。

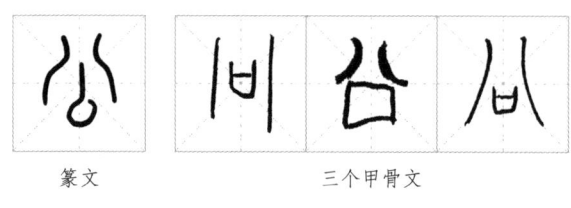
篆文　　　　　　　三个甲骨文

四个金文

私苡二字同源,在甲骨文都象薏苡形。最初是同一个字,后演变成不同的两个字,读音也互异了。私sī苡yǐ今音互异,古音相通。古音为啥相通,道理就不说了,怕大家烦。

薏苡属禾本科,开红白花在叶腋间,果实椭圆形,有硬壳。看甲骨文便知其状。俗呼药玉米、回回米、薏珠子。脱壳便成苡仁,色白,入药。金文苡正是薏苡和人字的组合,义指苡仁。古写作以，后加草头作苡。

私字古音通苡。从禾说明私这种农作物属禾本科。从厶，说明这种农作物是薏苡植株。私字本来不含私有一义，更非所谓"营私"，它只是农作物之一种而已。不过这种农作物和小米、水稻、高粱、稷子有所不同。那些农产品能拿去交公粮，薏苡却不能，可以由农户自己处理，或出售，或自享。私既然由自己处理，便孳生出私有一义，而与公有概念对立起来。当时所谓公有，指"多公"，即统治者之所有，含义与今迥然不同。

古写私　　篆文　　甲骨文

古写　　金文　　甲骨文

集 会

诗集，文集，选集，全集，赶集，集体，集团，集中，集合，集会，皆属人事。当初造字，集字就该从人，有个人旁才对。为啥不从人，而从隹（鸟类）？这样岂不是人禽不分了？我说，这正显示出汉字之妙用。汉字用比喻的办法去追求一字的多用，一词的广用，一义的泛用。这是俭约美德在文字语言上的体现。吾国同胞只须认得三千个字，便能阅读报刊杂志，看公告，写私信，记日记，做个小小文化人了。英文单词一九五〇年代共有二十五万，今已突破百万大

两个篆文

金文

甲骨文

关。我们只凭那三千字，就能做科学家。如此俭约，有大智慧存焉。

回头说集。篆文从一鸟或三鸟，来栖树上。看金文好像是乌鸦。乌鸦群集，拿来比喻人事，便装配出前面所举的许多词组来。看甲骨文鸟正飞来，来集之义自出。

乌鸦群集，噪声沸耳。篆文噪字树上三口，不说也懂，那是鸟口，不可能是人的嘴巴。造字者之诙谐有趣，令人莞尔。

传说"禹会诸侯于涂山，执玉帛者万国"。我去安徽涂山看过，山下有一片小平原，能容纳万国代表开大会。上万人来开会，解决食宿是个难题。就吃窝窝头吧，总得事先搓好蒸熟，开饭时笼屉里快速地熘一熘。蒸窝窝头上万，要备多少笼屉？想来教人头晕。造字者印象深，叫他造个会字，他就想起蒸笼蒸屉。甲骨文会正是蒸笼内装食物，其下有锅，一缕蒸气上冲。到金文变成两层蒸屉，或不用屉，用大蒸桶，内设纵格，饭菜分蒸，外设双耳，以便杠抬。笼屉内的那些点点滴滴，我想是窝窝头，而非千元一客的鲍鱼吧。到篆文省掉了双耳，蒸桶内容也简化了。会的繁体作會，完

繁体	篆文	两个金文

甲骨文	篆文合	甲骨文

全继承篆文。會字下面始终是笼屉与锅。

　　會字上面从合省。合，集合。与會人数众多，来自五湖四海，到此集合。如果没有这个合省，只见笼屉与锅，就不成其为會字了。合的本义是一只盒，象盒盖与盒体之形，名词。动词集合已非合的本义，而是变换词性后的衍义。

兵　法

　　兵不是苏二姐（soldier），亦非丘八。兵是木匠用的一种铲削工具，今名曰锛。兵bīng锛bēn音转，不足怪也。篆文兵双手握斤，甲骨文兵也这样。所以你很容易得出结论，说斤就是锛。错了，斤是长柄斧，砍匠伐木用。斧是短柄斧，木匠劈木用。锛非斧类，俗呼锛锄。功能类似农夫铲锄杂草用的轻型片锄，故呼锛锄。原木表面凹凸不平，木匠双手举握锛柄，就像田间铲草那样，锄之使平。斧类无论短柄长柄，皆可一手执而挥砍。锛则非用双手拱执不可。拱双手而执之是用锛的必要条件，所以兵字从拱（双手），借斤来象锛形。内行一见拱执，便知所握是锛，而非长柄的斧斤了。

　　兵虽然是工具，古人用石锛也可作武器。进而以青铜锛概括各类武器，通称兵器。后来又呼持兵器的士卒曰兵，就像重庆人抬工呼棒棒，遂使锛义隐没。今人不知兵字从拱（双手）从斤，所以拆作丘八，字认错了。

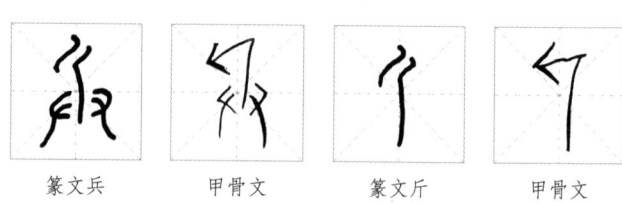

篆文兵　　　甲骨文　　　篆文斤　　　甲骨文

斤既然是长柄砍斧，伐木专用，为何变成重量单位，一斤十六两呢？原来楚国铸造正方形的金版，略似斧斤之头，作价值流通用，谓之楚斤。方版正面凸线纵三横三，划成方格十六，一格重量一两。从此斤成重量单位，一斤十六两。为啥不用十进位？回答是十六进位，一斤能等分到底，而不带小数点。这样方便。若是十进位就有障碍了。

甲骨文查不到法字。估计这个法字是陕甘一带周民族造的，所以商朝不用此字。法字古写从廌从去从水，三合一。廌jiàn是传说中的神兽，形状像牛，独角，夏游沼泽地带，冬入松柏林间，秉性正直。神送黄帝一廌，用来开庭判案，体现正义。在法庭上，廌能识别谁对谁错，自动上前触赶有过错的一方，法庭据此判决。从廌从去，是说神兽将罪人赶出法庭去。从水，是说刑法公平如水。三合一造出了法字的古写。看篆文和金文，法庭上的画面生动有趣。单看去字，正是一人从地窝子逃去。

古写法　　篆文　　金文　　甲骨文廌

神送黄帝一廌，所以至今还说推薦（简化作荐）。

廌又名獬豸。古代法官戴獬豸帽，体现正义。

商朝虽然不用法字，但是甲骨文有独角的鹿，似乎应是廌字。

折 腾

折字写出来，左旁是所谓提手。看古文字，这才知悉不是提手，而是一茎断草。右旁是斤，长柄砍斧。世间哪有弱智用砍树的大斧去砍断一茎草的，岂有此理。农夫用铡刀切断饲草，喂给牲畜。奈何铡刀不好象形，便用斤的象形顶

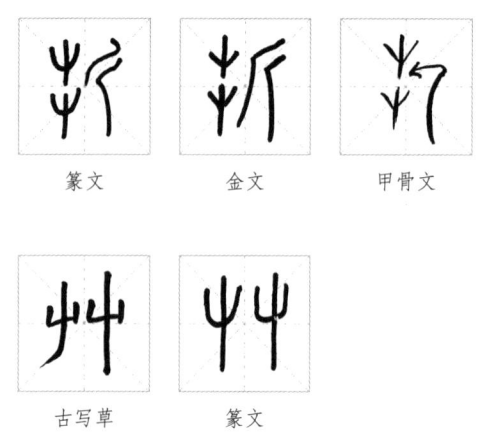

替,所以折字就从斤了,不得已嘛。到此我们明白,折字就是铡字,折草者铡草也。折zhē铡zhá双声互转嘛。

至于草这个字,原本是青枫树结皂斗的皂字,借用作艸。艸是古写,两株小艸代表百艸,象形。草字借用既久,古写的艸只好休息,被人忘记。

回头说折。折字义为折断,泛用之就有了打断、中断、返回、倒转诸义。一件好事正在推进,忽被打断叫停,这就是折腾的折。

腾的繁体作騰。字从馬(简作马),义为馬之奔騰,騰跃。泛用之就有了飞騰、騰云诸词。折字意思消极负

繁体　　篆文　　篆文朕

金文　　甲骨文

面，腾字意思积极正面，彼此相反。缀成折腾，是先折后腾吗？比如说你正在向前面飞跑，双手提灭火器，忽被阻拦叫停。停了好久，又命令你赶快奔腾，腾跃。这就是折腾吗？如果这就是，折腾也不错。他毕竟明白刚才叫停叫错了。知错能改，现场就改，那是好领导嘛。试改腾为屯tún，如何？

你看这个屯字十分有趣。一横是地平线，许慎说的"划分天地"。一株小草正在向上挣扎，草尖芽刚冒出地平线，根茎却在重压之下都扭歪了。所以屯有被阻滞义。军队留在原地垦殖，谓之屯田，也取滞留之义。先折，叫你停步。后屯，叫你滞留。折屯比折腾更到位。若嫌折屯生造，还可考虑"蹭蹬"。蹭蹬cèngdèng义为行路受阻，泛喻人生遭遇挫折。或许蹭蹬二字音讹，误作折腾？

腾用朕做纯声符。朕，朕兆。兆是甲骨裂纹，朕是船体裂缝。检查船板是否裂缝，举火隔板照看便知，所以篆文朕从舟，从拱，从火，三合一。甲骨文不从火而从棍（直长杠是棍字），是因为不用灯照而用棍敲，同样能侦听出裂缝来。今人皆知帝王称朕，不知朕是借字。本字以音求之，即今之咱zán。秦朝以前，常人都可以自称朕。朕做声符，并不参与奔腾之义，是纯声符。

书 史

书字繁体作書。篆文書从聿yù,者声。者在这里音zhǔ,是煮字的古写。篆文者画的是一口锅正在炊煮,锅上香气喷射,溅起两滴水点。者(煮)声与著声近,所以《说文解字》云:"書,著也。"本义不指书籍,而是著

| 繁体 | 篆文 | 甲骨文 |

| 繁体 | 金文 | 甲骨文 |

述,动词。著述之事,必须先备原料佐料,配伍恰当,依次投入,还要掌握火候,与炊煮差不多,难怪人说著作家是"煮字疗饥"。

書字从聿。甲骨文聿像一支筆(简作笔),右手握着。木杆一端绕扎毫毛的写字工具,古代楚国叫聿,吴国叫不律,秦国叫筆。注意,不律急读,就拼成筆,所以《尔雅》说"不律谓之筆"。史称秦国蒙恬造筆,是他将毫毛紧束成圆锥形,纳入竹管之内,此后聿就变成笔了。

画字繁体作畫。金文畫从聿,本义为作图,动词。聿下似田字内有四点者,为古文周。周者,四周,周界。旧时买

篆文史　　　三个金文

两个甲骨文　篆文事

卖房地产的契约，例皆写明"四至"，此即周也。金文畫从周，演变成从田，义为畫田界。后来畫作名词用了，不得不造个劃（简作划）。劃从刀，刀刻劃。旧时少年劃甘蔗赛刀法，正是用的劃字。

五经博士许慎惯用儒家理想解字，所以《说文解字》这样释史："史，记事者也。从又执中。中，正也。"意谓史官必须严守中正，不要偏左偏右。周朝史官太多，大史小史，内史外史，左史右史，御史女史，难道他们天天都在写历史吗？商朝卜辞所见史字，都应作事字讲。甲骨文无事字，史就是事。到了周初金文，史字添笔画，才造出事字。甲骨文史，右手所执绝非中字，当时中字没有那样写的。甲骨文和金文中字都画圆圈，中央插旗。圆圈者，营地也。军旗插在营地中央，显出中义。至于甲骨文史，我猜是象意字，详说之。

周代所谓的事，专指政事而言。政事无形可象，只好另打主意。我看右手所执，该是长柄钲铃，古名丁宁。长柄顶端，铃口向上，内设固定木舌。村官高举摇之，铃碰木舌，金声远播，通知村民速来，恭听宣布政事。旧时鸣锣敲钟，聚众开会，与古代摇铃同。金文有钲铃上插旗的，表示官方使臣来了。史，吏，事，使，最初是一个字。后世庶务日繁，方才各立门户，一分为四。

真 信

真这个字，真真使我狂喜，心想："这不就是飞碟！"《说文解字》认为篆文真字象"仙人变形而登天"之意。

许慎解说真字，上部乃是化字古写，不要人旁；中间一目，是说"养生之道，耳目为先"；目下一折线是隐字古

| 篆文 | 古文 | 金文 |
| 甲骨文 | 金文贞 | 甲骨文 |

写，意谓变化隐身；下部左右两撇是飞升的乘具，古名曰蹻。如此解说未免啰唆，不如直接看古文真，一目了然。仙人仰卧在一只扁球形乘具的顶部。乘具中部一横杠是舷窗。乘具下部表示喷气升空。哎呀，真是飞碟！

我的狂喜最终破灭，始于贞（简作贞）字金文给我泼了一瓢冷水。原来所谓仙人仰卧飞碟顶部，喷气升空的古文真，是从金文贞字演变来的。金文贞字从卜，鼎声。事主心头有疑，前来问卜，这就叫贞。卜师观察兆纹，解答吉凶，这就叫占。贞占都属专业用语。贞义为问。贞就是侦。侦察，侦讯，皆含询问打听之义。金文真从人，贞省声，何来飞碟！

真字晚出，专为宣扬神仙观念而造，见于道家典籍。儒家典籍不见真字，只用诚字包揽其义。道家所说真人乃指仙人。被我误解为飞碟的古文真，其实是从金文真字传承来的。下面是一只鼎做声符，绝非飞碟。解释字形，应具保守心态，不可标新立异。许慎已经解说错了，而我错得更加离谱。

"人言为信"，两千年前古人已经这样说过，迄今仍无异义，看来是定论了。儒家道德，要求说话应该兑现，是为诚信。虽然应该，其实人言未必可信。《诗经·郑风·扬之水》："扬之水，不流束薪。终鲜兄弟，维予二人。无信人之言，人实不信。"须知世间多有不可信之人，所以他人的话，你别轻易相信。这不是在唱反调吗？

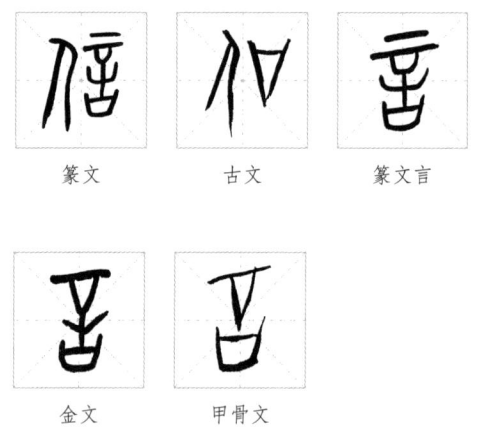

篆文　　古文　　篆文言

金文　　甲骨文

请看信字古文，原来从人从口，而不从言。"人口为信"是指带口信吧，亦即帮人传话。古称使臣曰信，又称信使，正用信字本义。帮人传话不得加油添醋，亦不允许七折八扣，这才引申出诚信一义来。信用啦信仰啦迷信啦相信啦更是后起之义了。

篆文言从口辛声,是普通的形声字。声符辛象雕刀之形,看甲骨文便明显了。辛即锓刻的锓。二十世纪三十年代苏联作家伊林《书的故事》说中国的言字象声波从口上传播之意,想当然嘛。

教 育

教字看篆文才晓得左旁并非孝字，而右旁的反文也是字，音pū，其形为手举棍，其义为打，不妨视为今之扑字。扑是简体，繁体作撲。教字暴露了古代教育方法的阴暗面，就是体罚娃娃。篆文教从扑从子，爻声。爻yáo旧音xiáo，

古音可以读jiāo。俗语为体罚辩护云："不打不成人，黄荆条子出好人。"黄荆树枝条具弹性，挥掸有力，古名夏楚。许慎解释教字，绕开体罚，只说"上施下效"。施是施加夏楚，效是效法"好人"。看这教字或许是指家庭训子。旧时孩童顽劣，父母气愤，施夏楚乃家常便饭，实不足怪。教字反映出真实状况来。

两个甲骨文　　　　　篆文

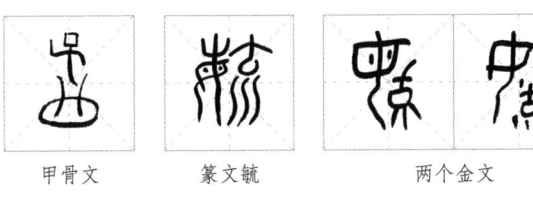

甲骨文　　篆文毃　　　两个金文

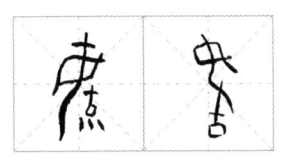

两个甲骨文

學是繁体。學的古音与教同读，所以學字也用爻作声符。篆文學象小子走进學堂大门，让我们回想起背书包进校门的情景，这學字真亲切。上面为何伸出双手？难道要抱我们？非也。在下猜疑多年，不得其解。后读陈独秀的《小学识字教本》，才晓得这是在上算数课，没有教具，设施简陋，古代穷嘛，老师叫同学们伸出十指，教数一二三四。满十进位，又从头数起来。孔子以前只有官學，《周礼》称为国學。陈独秀书名的"小学"乃指清代乾嘉以来的文字學、音韵學、训诂學，非今之小学校。文字音韵训诂之學，后来也称国學，亦非今之所谓国學。

《说文解字》："育，养子使作善也。"使作善者，教他做好人也。其实育字本义只是生育，并非教育。篆文育从倒子，肉声。甲骨文育，下象女阴形，胎儿生出来，当然是分娩了。女阴形不雅，篆文才改作肉，为了遮丑。若不是后来发现甲骨文，你会误认为最初造这育字就是个形声字，从倒子，肉声。

毓是育的异体。所谓异体者，音同义同而形不同也。篆文毓左旁每（有头饰的美妇），不妨当作母字，乃指产妇，右旁倒子，胎儿头先出来。这是顺产，所以从川。河川莫不顺流，川便有了顺义。金文一是母产倒子，胎发可见，另一是女产倒子，数点羊水。甲骨文皆女产，一是脚尚未出，表示正在生嘛，尤妙。

就字本义而言，教育应该说成"育教"。先要育出，后来才教。说成教育，是用育字的引申义，指培育而言。

复 兴

复字繁体作復。其实复字原非简体,古已有之,年纪比復更老,甲骨文就有复。甲骨文复,下是倒写的止(趾),上象一种炊具名鍑之形。本来,古代蒸锅名釜,蒸屉名甑。一釜一甑,配成一套,连称釜甑,见于《孟子》。有时釜甑

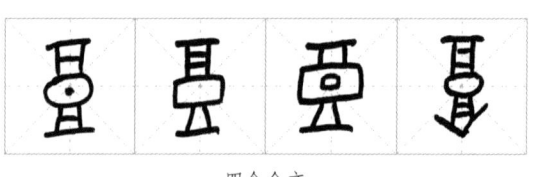

四个金文

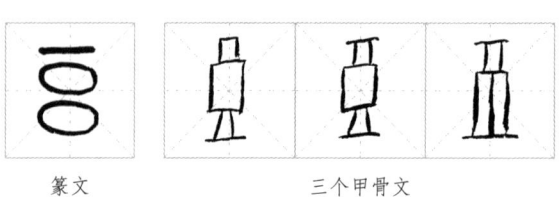

篆文　　　　　三个甲骨文

可以单称,就一个字,鍑。甲骨文复,蒸锅下带脚架,上置蒸屉。只是为了刻写方便,圆蒸锅变成了方箱子,让我们不容易看出来这是象形。蒸锅上置蒸屉,生出重复一义。其下倒写止字,与行走有关系,所以许慎解说复字本义为"行故道",也就是"走老路"。走老路又转义为復兴,为複数。復和複又同样简作复,返回到甲骨文,这害得我半天说不清楚。读者其谅我乎?

到了金文,蒸锅有时写成圆形,蒸屉却又重叠为二为三。到了篆文,蒸屉变成二圆一盖,蒸锅却被省掉,更难认出象鍑之形。如果只看这二圆和一盖,不看金文,更不看甲骨文，断难认出这就是蒸锅和蒸屉配成套的鍑。总之，鍑是複合式的炊具，金属制成，用于蒸熟食物，相当于后世的几只蒸笼再加上一口锅。古文字里，鍑有多个象形，一一列出。

兴（简作兴）字上下四只手，中间一个同，是在表示四人同时出手吗？《说文解字》："兴，起也。同，同力也。"所以，历来文字学家认为，这是多人在抬重物。有说抬船帆的，有说抬巨盘的，有说抬井栏的，不一。

看甲骨文，我猜想这不是在抬重物，而是二人面对面在打夯。旧时建筑工地上，没有打夯机，全靠手工夯。四人夯具为圆木柱，柱端铁头，柱腰横插手柄，四人各站一方，同时举起投下，筑紧地基，使其坚固。二人夯具为方石柱，两棍夹柱捆紧，二人对面站立，同时举起投下。设想你从空中俯视，所见场面正如甲骨文興。打夯必须用力举起，所以興训"起也"。我们至今还说興起，振興啦復興啦时興啦皆含起来之意。《诗经》每首起头多用"起興"手法，起即興也。少时听打夯者唱号子："修起那个儿子住哟，嗨！"精神胜利可解乏也。说到这里，恍然憬悟，难怪甲骨文和金文有从口的，夯具下加一口，打夯唱号子嘛。到篆文口与夯相结合，从興字内独立出来，这便是晚造的同字。

最后大悟，天啦，興字最初就是夯字。行既可以音háng，興也可以音hāng，正是夯嘛。训"起也"应该是后来的转义了。

工 作

黄河流域古人类最早的建筑工程，除了挖窑洞，掘地窖，就该是搭独木桥了。工字象独木桥搭在两岸之形。搭独木桥，先要砍树，锯断，铲皮，锛平，一系列的劳作。最后两岸掘土成凹，桥体方能搭建起来。《孟子·离娄》讲仁

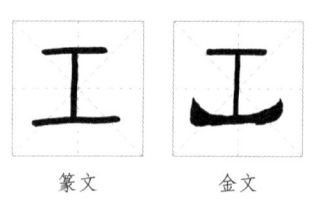

篆文　　　金文

三个甲骨文

政，要求"岁十一月徒杠成"，免得民众冬天涉水受寒。徒杠即独木桥。杠字木旁应该是后添的，我想最初工就是独木桥。工杠音可转嘛。《说文解字》说法不同："杠，床前横木也。"蜀人叫前床枋。我看这应是引申义，杠字本义还得是独木桥。两人同抬一物，横梁压在肩上，好似独木桥之搭在两岸，所以跟着叫抬杠。雨后放晴，天现七彩之弓，亦因似桥，而名曰虹（蜀音同杠）。便是前床枋，亦因横插两柱之间，似独木桥，才跟着叫床杠。先有徒杠，后有床杠，我敢肯定。

先有独木桥，而后造工字。商朝卜辞已有"多工"记载，到周朝称"百工"。近百年来更有工程、工业、工人、工作诸词，致使工字衍义大大扩张，而其独木桥之本义遂淹没不彰矣。

读者注意，甲骨文和金文的工，字形有变异的，那是画蛇添脚。到了篆文，幸好迷途知返，仍回归最初的甲骨文。

作字从人乍声。作，为也，这是雅解。作，做也，这是俗解。雅俗都行，意思相同。金文和甲骨文有乍无作，因为乍是作字古写。到了篆文，乍字才添人旁，造成作字，用至今日。

　　《说文解字》认为乍字从亡从一，是"止亡词"。止亡的意思是罪犯想要逃亡，警员上前制止。乍字从一，一即表示制止。警员此时上前吼一声"咋"，此之谓"止亡词"。这种解释太可笑了。想必是那仓颉闲着没事，专门造个表达叱咤之声的乍（咋），给那警员使用？

古写作　　　两个篆文

两个金文　　　两个甲骨文

　　看甲骨文，才猜到乍是个象意字，画的是古时候榨汁或者榨油。乍就是榨。或者说，乍榨古今字。甲骨文所见为尖底容器，器内有待榨物，器口上有尖楔向下敲入，榨出汁或油来。少时见过故乡油房榨菜子油，榨匠吼号子举重锤，猛敲木楔，强压出油，簌簌有声。干这重活，一天吃五顿饭，还用油泡，体能消耗可知。今之所谓敲诈，即敲榨也。

三千五百年前商朝卜辞，乍（作）字已从榨汁榨油义扩大到泛指做各种事情，例如"作邑""作寝""宾作""有作"都用乍字。今日受薪做任何事都叫工作，这是榨油匠难以想象的。

九 万

说九之前,请先说四五六七八。一二三就不必说了。四,甲骨文画四横,仿一二三。到篆文乃借用鼻涕的四(四象流鼻涕形)来顶替四横杠,又用泗字充当鼻涕。从四字起,请顺着看下去,五六七八九都是借字了。甲骨文五,打

篆文　　金文　　甲骨文　　甲骨文

甲骨文　　甲骨文　　甲骨文

个叉叉，义为禁止，就是毋（狗都会发这个音）。甲骨文六，象房屋形，就是廬（简作庐）。甲骨文七，象切割葱，就是切。甲骨文八，象扒树皮，就是扒bā。

九象吾人肘臂之形。金文最明显，伸出右手，省为三指，掌关节转第一弯，肘关节转第二弯，终端连接肩部。九就是肘。九被借做数目字后，不得不另造肘。肘字从寸，因为掌下一寸（合今半寸）名叫寸口。中医切寸口脉在此处。肘之长度，以寸口为起点向上量，接肩而止。寸口实为肘臂起点。

抛这个字可以旁证九就是肘。抛字拆开，从手，从九，从力。吾人抛物，先要用手握住，然后发力挥肘，方可投远。抛是晚造俗字。《诗经·召南·摽有梅》写男女果园中抛梅子求爱。摽抛古今字。这种风俗在蜀便是端午节打李子。

萬（简作万）是象形字，一只举双螯而翘尾的蠍子，很吓人的。蠍被简化为蝎xiē，古写作禼（简作卨）。蠍为卵胎生的节肢动物，不属昆虫。蠍分两种：一种钩尾无毒刺，体型大，色灰黑，古名萬；一种钩尾有毒刺，体型小，色灰黄，古名蠆chài（简作虿）。钩尾毒刺蜇人，痛得哎哟哭叫的是蠆，而非萬。《左传》上说"蜂蠆有毒"，《水浒》上说"蜂蠆入怀，随即解衣"都不说萬有毒。禹，萬，禽，此三字的下方同样横出一只贴胸部的右手，古人借此表示敬礼神虫。萬这种无毒蠍，举螯翘尾，威武踏步，步步逼人，样子可怕。周代武舞有所谓萬舞者，见于《诗经》，仿蠍步

也。少时观苏联哥萨克集体舞，有横举双刀若螯，踏着节拍前进者，令人联想起周代的萬舞。萬古音与满同，所以被借用来指十千，表示数目大到极限，已满额了。久借不归，无毒蠍之本义遂被遗忘。

篆文蠆为萬添虫旁，表示有别于萬。今人养殖取蠍毒以入药用者，蠆也。旧时华北农村土屋木构，往往寄生毒蠍，今已鲜见。

初 表

初字义为开始。篆文从衣从刀，刀在这里专指剪刀。剪刀在手，剪布成片，缝片成衣。动剪刀为缝衣之始。如果不用形象的衣和形象的刀组合在一起，便很难表达出开始之义。用形象来表达一个意思，初就是象意字。初非一

| 篆文 | 金文 | 甲骨文 | 篆文衣 |

| 篆文 | 甲骨文 | 刀形 |

件物体，只是一个概念，没法象形，只好利用别的物件象意。从甲骨文到篆文，初字没有实质上的变异，字形稳定，至今如此。

初字所从之衣，篆文显示两袖与交领以象形。交领既有左掩右的，又有右掩左的，不一。左掩右的叫右衽（简作衽），右掩左的叫左衽。孔老夫子讲礼繁琐，认为"披发左衽"属野蛮人。旧时男长衫女旗袍皆右衽，无左衽的，确系事实。衣字扩义使用，娃娃背袋叫"负儿衣"，小儿帽叫"头衣"，眠被叫"寝衣"，袜子叫"脚衣"，围裙叫"袆衣"，裤叫"胫衣"，皆见《说文解字》。

初字所从之刀，篆文说是象形，其实不像刀形。请看插图刀形，必须逐步地图案化，来一番变形后，方能近似于甲骨文和篆文。

表字从毛从衣，你以为指毛衣？非也。表指外衣，蜀称面衫。远古人披兽皮，兽毛向外，显示美观。后来兽皮剪裁，缝缀成裘，谨守传统，裘衣仍然是毛向外。又后来讲文明，毛耸耸不雅观，便在裘衣上罩一件外衣，同时起到保护作用。外衣，面衫，古语一个字就叫表。篆文表象衣在毛外之形，正是外衣。表面，表现，战表，仪表，诸词从外衣来。古人立竿野外，日下测量竿影之移动，用来报时，又测量正午竿影之长短，用来推算冬至夏至，都叫表竿。近代金属机械报时器也跟着叫錶（简作表），从金表声。

表字本指外衣，遂有外表一词。外家兄妹称表兄妹。旧时妻称内子，而外面姘居的叫外室，又叫婊子。表，外也。字画装潢曰裱，财物分送曰俵，亦缘于外化也。

裏（简作里）指夹衣和棉衣的衬裏，俗呼裹子。里是简体字，又是正体字。公里，邻里，故里，都不能用裹字。

有人显摆自己会写繁体字,成都的锦里他写成錦裹。

衷字从中从衣,指贴身的内衣。中,内也。衷心就是内心。

尺 寻

古人说仓颉造字"近取诸身,远取诸物"。诸是之于二音拼成。"近取之于身,远取之于物"。造这个尺字正是"近取之于身"。请你伸出右手,张开虎口,用拇指和食指卡量桌面,然后偏头侧视。哈,正好看见一个尺字!《说文

篆文　　　尺　　　篆文咫

篆文寸　　篆文丈　　繁体

解字》认为尺字从尸从乙，显然解错了。尸象倚坐形，乙象燕飞形，皆与尺寸拉不上关系。据考，周代一尺合今五寸，这正是你一卡之长。尺字古音同卡qiǎ。难怪湖广土话，吃饭说成qiāhuàn。你别笑，他们说古音呢！有昆虫的幼虫名叫尺蠖，长仅寸，却以尺取名，原因是它一缩一伸爬行，好似我们用拇指和食指卡量长度。这能旁证尺就是卡。

咫比尺短。周一尺，今五寸。周一咫，今四寸。咫字从尺从只，只亦声。篆文只象女手卡量之形。只，仅也，有短少义。

篆文寸象右手形。掌下一横所指，正是寸口位置。周一寸，今半寸。同样推算，周一丈，今五尺，即一点七公尺，正是鄙人身高。周代一般成年男子身高一丈，故称丈夫。篆文丈象右手高举丈弓之形。旧时丈量土地，使用丈弓。丈弓跨距一丈，合今五尺。

前已说了，周代一尺合今五寸，周代一丈合今五尺。到了汉代，汉尺稍稍加长。周代一丈合汉八尺，合今五尺，正是中人身高一点七公尺。寻（简作寻）乃度量单位，汉代八尺为寻。汉代八尺仍然合今五尺，还是一点七公尺。甲骨文尋是象意字,象人展开双臂,横量床席长度之意。床席一条,编纹可见,铺在床褥上面,长度等于中人身高,又是一点七公尺(须知横展双臂之长等于自己身高)。甲骨文尋本属动词,义为展臂横量,所以卜辞有"王其尋舟于河"的问询,意思是问:"商王可以乘舟横

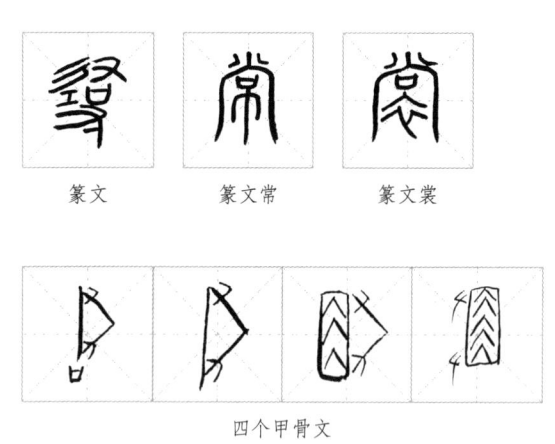

篆文　　篆文常　　篆文裳

四个甲骨文

渡黄河吗?"怕遇风浪之险,事先卜问吉凶。到了汉代,动词尋才变成度量单位,方有"八尺为尋,倍尋为常"之说。从四个甲骨文可以看出床席从正视到侧视的简化。为何又要从口?展臂横量要报数嘛。到篆文侧视的床席又变

成工字，又添加行字的左旁，表示此寻与行路有关系，其义同巡。现今说寻找，正是巡找也。

常裳本一字，义为裙。上曰衣，下曰裳。汉代八尺一寻。两寻一常，便是一丈六尺，合今一丈。汉代布窄，缝裙用布两寻，已成惯例。常常、时常、平常、寻常诸词由此生焉。

吉 凶

《说文解字》："吉，善也。从士口。"看甲骨文，这才晓得，吉字上既非士，下亦非口，根本不从士口。卜辞原本是卜问吉凶的记事文，文内常有吉字出现，还有"大吉""弘吉"。吉字意思表示肯定，卜问之事可行。吉就是善，善就是好，这没疑问。问题是造这个吉字，古人用了何物来象征吉祥的意思，弄清楚后，才算认得字。现在要弄清楚，不能乱猜。

前辈文字学大家于省吾认为，吉字上面应该是某一件兵器，下面则是收检兵器的筐。兵器拆成零件，装回筐去，藏入府库，这便是人间最大的吉祥。古人常说"兵凶战危"，晓得"兵者乃凶器"。如今刀枪入库，吉祥呈现。奈何刀枪入库，画起来场面大有困难。造字者改用象征的手法，以小喻大，只画锐器装进筐内，而吉祥之意便显示出来，这是何等聪明！

犹记四十五年前，曾请教何剑熏教授，他转述四川文史馆刘孟伉馆长对吉字的解释，说从士从口，士指兵士，口管吃饭。古时一饭难求，吃粮投军便是吉利。当时觉得其说新奇可喜，浑忘却十年浩劫之将至。回忆至此，不胜感慨。

吉字既然训善训好，凶字当然训恶训坏。《说文解字》正是如此："凶，恶也。象地穿，交陷其中也。"地穿就是地面挖个竖穴，《易经》称之曰坎。成都旧有街名塘坎。塘指周围堤塘，坎指中间凹坎。看坎篆文，你便明白坎是

篆文

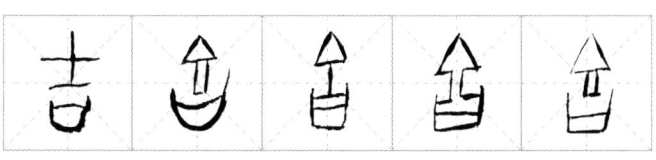
五个甲骨文

何形。许慎认为凶字中间的交叉是交字，交陷入凹坎内。这个交叉字龄古老，早在山东城子崖黑陶文，已是计数的五。黑陶文在甲骨文前，距今五六千年。甲骨文卜辞骨端刻有计数的五，也是画个交叉。我看凶字是借用古文五的读音当作毋使用，表示制止，汝其毋来！凶字从凵（坎），从五（毋），是象意字。

举凡雷暴，星陨，山崩，地陷，河溃，海啸，莫不汹汹有声。先民一听这汹汹声就晓得出事了。从语源去推测，凶字可能由此得声，所以读xiōng，而秉承了恶义、坏义。

凹坎上盖草皮，作为掩饰，用以陷敌陷兽，这样的坎，

改称陷阱。篆文陷象人失足落阱，被坎中的锐器戳伤。臽是陷字古写，与凶同样从凵（坎）。因为不是自然形成，而是设计掘成，所以不能称坎，改称曰阱，俗呼为坑。

善 良

当今只问犯法不犯法，不问善良不善良。其实当初造这善字，只是想说羊肉味道很好而已，原不牵涉道德判断。善良，善意，慈善，行善，都是后起的正面字义。篆文善从羊，从二言。古文羊象羊头形，这是用局部象形代指整体象

篆文善　　篆文羊　　金文　　甲骨文

繁体竞　　篆文　　篆文良

形。而在善字，这羊乃指羊肉。羊下二言，篆文言从口辛声。二言或许并非独立的两个言，我看应该是篆文竞之省（省掉二儿）。善从竞省，而竞又象二儿争着讲话之意。小儿不懂谦让，又讨好大人的夸奖，说他聪明，争着讲话原不足怪。在羊肉下面争着讲，当然是讲味道很好，善哉羊也，羊肉OK。造字者若在天有灵，一定笑得很幽默，我想。

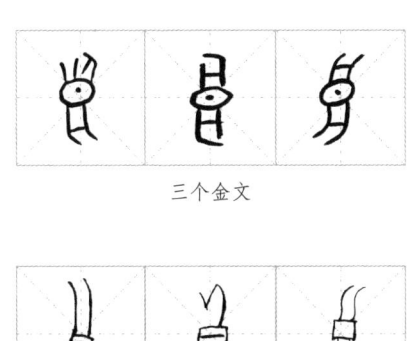

三个金文

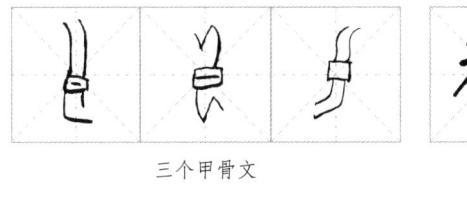

三个甲骨文　　　　　　繁体

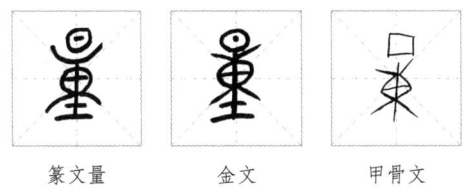

篆文量　　　金文　　　甲骨文

从羊肉味道好，到泛指状况好，善字用于完善，例如"工欲善其事，必先利其器"，以及能歌善舞。若是善于投机取巧，善于吹牛拍马，便做坏事也可以用善字了。

良字《说文解字》训善，是后起的正面字义。本义所指为何，许慎弄不清楚。前已交代，他不知道商代有甲骨文的存在，更未见过。我们今日见到，能窥良字真相，所以弄得清楚。不是我们比他聪明，只是我们比他幸运。要认良字，请先了解旧时粮食买卖通用的量米斗。

斗dǒu（不是斗争的斗）是量米用的一种量器。旧时市场买米，不用秤称，而用斗量。斗为正方形的木制容器，底大，四壁向内倾斜，口小，形状像玛雅人的平顶金字塔。请看甲骨文良，中间方形象米市上所常见的量米斗形。专业斗户端起撮箕，倾米成瀑，直泻斗中。泻满溢后，用概刮平。然后又端起斗，把米倒进买家口袋。甲骨文良中间方形之上，象米泻入斗中；方形之下，象米倒进袋内。米之入斗出斗，两条悬瀑象意传神，极妙。金文继承，方斗变圆。后来斗上添人，指斗户也。篆文下面错成从亡，致使许慎认为亡是声符，亦将错就错耳。

良指用斗量米，良量实为一字。甲骨文量，正方形象斗形。正方形下面是古称为橐tuó，今呼为驮子的米口袋。米口袋胀鼓鼓，两端用绳扎紧口子。可见米已入斗量过，倒进袋了。良量既是一字，所以糧食的糧可简作粮。所谓糧食者，量而食之也。旧时人家用升用合量米而炊。一斗十升，一升十合。人才必须量过，方能区别优劣。由此生出优良一词，良也就训善了。

美 丽

《说文解字》："美，甘也。从羊大，羊在六畜主给膳也。"可见美指羊肉味道甘美，不是指形象艺术美。文艺美学家说"羊大为美"，以此强调美具有物质性。唉，原文都未读懂，不知道许慎的意思是羊在六畜为大，是说六畜之中羊肉第一味美。若论躯体大小，六畜的马牛猪岂不都比羊更大吗？羊肉味美与艺术审美不相干，美学家是在架空立论啊！

美字是否从羊，不妨存疑。甲骨文美有从羊的，也有不像从羊，倒像大人头上插雉翎的，让我想起美洲印第安酋长头戴鸵鸟羽毛。美字若是头戴雉翎，便该是指头饰之美。十九世纪欧洲妇女也时兴簪羽毛，以求美观。先民懂得赏美，哪能尽属饕餮之徒，只懂羊肉味道甘美。

另有每字，深可注意。《说文解字》每字从草母声，义指草盛。但是甲骨文每从女，不从母，女子头上该是发盛（头上岂能长草）。一头浓密青丝，横插发簪，古今佥以为美。头发美，头饰美，皆美也。果如此，则美每二字虽异形，实同义；美指男，每指女。

篆文　　　两个甲骨文　　　篆文每

两个甲骨文　　　篆文善

回头再说羊肉，确实味美。除非你是咬姜喝醋，味觉反常之人，才会反对羊肉。艺术审美，事关灵气，不可或缺。缺乏灵气，精神残疾，固然不好，但也不必借此贬低味美。不过羊肉味美不叫美，而叫善。篆文善从羊，从二言，意思

109

是人人争说羊肉好。善的本义指羊肉好，泛用则指状况好，不涉道德判断。与恶相对的善，如善良、善意、善行都是后来的说法了。

繁体　　　　篆文　　　　金文　　　　古文

篆文鹿　　　金文　　　　甲骨文

麗（简作丽）从鹿，鹿之上象双鹿行走形。更早的古文麗，只见双鹿行走，其下本来无鹿。可能是怕后人认不出这是双鹿，才在下面添个从鹿，提醒此乃鹿也。殊不知麗本义为双鹿，一添就成三鹿，反而造成新的误会。但看鹿字，笔画比牛羊犬豕都复杂，足见先民非常重视这种大型猎物。鹿常结伴觅食，所以特别为双鹿造麗字。

二，古音ⅠⅠ。客家话至今二仍然读ⅠⅠ。麗与二古音同。二象两指，麗象双鹿，麗即二也。稍不同者，二泛用于计数，麗则专指双鹿，仅此而已。吾国先民看好偶数，以为吉祥。又喜见事物之成双成对，文章也爱骈偶，建筑又讲对称，美麗一词由此产生。夫妻成双，故称伉儷。伉谓其对称，儷谓其成双。儷为繁体，简作俪。古代送大礼，鹿皮两张，称"麗皮"。

儿 孙

兒是繁体，古音不读ér，而读ní。客问："你是今人，怎知古音读ní？"我答："用兒作声符的倪、霓、鲵、麑都读ní，不读ér。由此推测兒古音ní。古汉语无er音。不但兒，甚至二、而、尔、迩、耳、饵都读ní呢。"后蜀花蕊夫

繁体　　改画篆文　　篆文　　古文

两个金文　　两个甲骨文

人诗云:"君王城上竖降旗,妾在深宫哪得知。十四万人齐解甲,竟无一个是男兒。"兒读古音ní才押韵。唐代金昌绪诗云:"打起黄莺兒,莫教枝上啼。啼时惊妾梦,不得到辽西。"兒也必须读古音ní。吾蜀方言,男ní女ní,写出来是男兒女兒。

《说文解字》:"兒,孺子也。"孺子即小娃娃。南北朝时《玉篇》方才男称兒,女称婴。其实婴字本来是指小女娃的贝壳项链,借用做小女娃的代称。

现在看这兒字,篆文被误认为有一腿是弯的。我来改画一下,大家就明白了。原来是小娃娃炕床上爬,小屁股翘着呢。脑顶囟门未合,所以头上留缺。古文省掉头脸。金文强调光着臀部。甲骨文最古老,也就简略,眉毛和小屁股都省了。兒的简体作儿,字形近似古文。

孙(简作孙)字从子从系,义指子之子。子子孙孙延续成一系列,所以孙字从系。篆文系象一条绳悬系在斜枝上,是象意字。历来文字学家都是这样说的。不过看了孙的金文和甲骨文,发现那时尚未造出系字,子旁只看见一条绳,而未见斜枝,就不好说从系。想起旧时小娃娃学走路,腿脚软，站不稳，当妈的用布条绕孩胸前，在后面拉着提着，悟到子旁的那条绳，或许就是用来拉着提着的布条吧。当初造这孙字，想来是指学步的小娃娃，后来才借去指子之子的。孙辈比子辈低一等，所以差等谓之又逊一筹，逊是从孙得字义的。竹根长出竹竿。竹竿是竹之子，叫竹子，是子辈。竹子下面又冲出笋子来。笋子者孙子也。

还须证明子字古音读lǐ。证据：李字从木（李树）子声。子声而做李的声符，可以逆推子字古音必定读lǐ，与兒字古音ní很相近。当初兒与子两个字音义皆同，只有字形不同。看子的甲骨文，也有写法和兒字相似的。可以说子与兒曾经是一字两写。篆文子象幼儿在襁褓中，非独足也。双臂在襁褓外，所以舞动。

麦 面

来来去去的来,繁体作來。來字本义不是动词由彼处到此处,而是名词小麥(简作麦)。看甲骨文,來象小麦植株之形,根茎叶穗皆可指认。史前时代,小麥从西亚向东亚传播到周民族发祥地(甘陕南部),又随着周民族向东扩张,

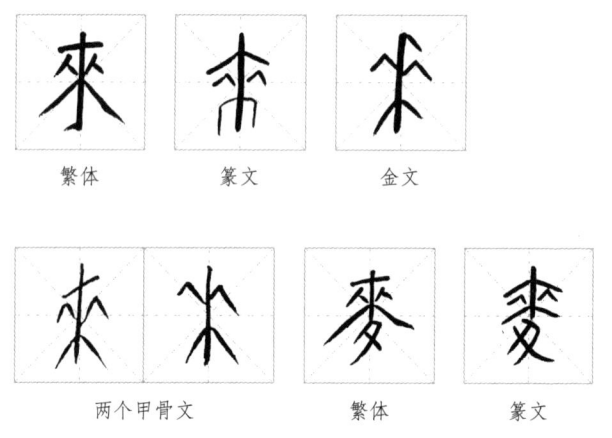

| 繁体 | 篆文 | 金文 |

| 两个甲骨文 | | 繁体 | 篆文 |

传遍黄河流域。周人神话说，小麥是上天赐给他们的。天赐者，龙卷风吹送也。史书有"天雨麥"的记载。既然是由远方吹送而至，所以本义为小麥的來字被借作动词，变义为由彼处到此处。这才不得已，另外造麥字。麥來本一物，语音可佐证。麥mài缓读之，拖尾音为màilái（麥來）。可知麥有复辅音來。复辅音字变成单一音字以后，麥來二音便分家了，各立门户。來借去作动词用，其原义便隐没了。

甲骨文麥，來下加一倒止（趾），暗示小麥天赐。你看倒止，脚跟向上，脚趾向下，天上走到地下，不正是从天而降吗？倒写的止，篆文误作人走路被牵制，繁体误作夕阳的夕，致使麥字难解。麥的简体又改來为三横一杠出头，这就完全堵死认字之路，使我们永远回不去了。

问面字是不是简体字。答：是，又不是。先说不是。脸面的面就不是简体字。篆文面象形，中间一自（鼻），周廓围成脸庞（川话讹成脸盘）。这是一鼻子代表五官。甲骨文面则是一目代表五官，而周廓则为脸庞的侧视。再说是。麥面的面是简体字，繁体作麪，异体作麵。面条，面粉，面酱，面糊，皆应作麪。

金文		三个甲骨文	
篆文	甲骨文	繁体	
异体	篆文	篆文丏	

麪字晚造。汉代以前只说"食麥",未闻吃麪。麪,古称麥屑,今称麥粉。小麥磨粉,颗粒细微,超出目力极限,以至不可分辨。麪字从麥丏声。丏miǎn这个音正是"不见"二音拼成。丏做声符,是说麥粉微粒太小,小到不能看见,所以名之曰麪。

篆文丏字象意,义为不见。左边垂线折成直角,意思就是角落。上方一横盖在人的头顶。这个人头部遮蔽着，佝身钻进角落里，腿部正要缩进去，这样就象出了"不见"之意。近人嫌丏字难写又难认，另造异体麵字，一瞥即可读出音来。

麥粉颗粒极细，旧时妇女用于搽脸增白。所以叫作面粉者，敷面之粉也。于是麥粉改称麵粉。

酒 食

饭食霉变，产生酶素，催化发酵，酝酿成酒。过程很长，费时甚多，久久始成，所以叫酒。甲骨文酒，左右两条波线，也就是后来的三点水，中间是酒坛子，尖底，上置漏斗。揣想早在造字之前，先民已经会造酒了。

甲骨文酉象酒坛子之形。酒坛子是贮酒用的陶制容器。醪糟酒酿成后，从酿缸转注入酒坛子，先要滤掉酒糟。坛口上置漏斗，漏斗上铺茅帘，过滤酒糟。酉字上方一横，便是茅帘侧视。今之蒸馏白酒，元代才从阿拉伯传来的，此前无白酒，只有醪糟酒。甲骨文酉，以其漏斗茅帘，可作铁证。

酒坛子为啥要尖底？原来酒要低温贮存才好。酒坛子要低温，不得不半埋在土中，所以不必做成平底。尖底当然不能置放平地，非埋土中不可。半埋酒坛子的土堆，成半球形，古名曰垆（繁体作壚）。"文君当壚"是卖酒的文雅说法。

酉字上加两点为酋qiú，本义是指老酒（酒是愈老愈好）。两点表示酒香外溢。《礼记·明堂月令》说掌酒之官称大酋，执掌祭祀活动。古代国王兼领祭祀活动，所以称为酋长。

篆文　　金文　　甲骨文

篆文酉　　金文

五个甲骨文

甲骨文食，上面大嘴巴是口字倒写，下面高脚碗内满盛着饭。最初造食字，显然是动词，意思是吃饭。到了篆文，大嘴照旧，饭碗的高脚误作匕匙的匕bǐ。《说文解字》把食字解错了，说上面三条杠合成三角形，义为集合。又说中间象粮食颗粒形，而下面是匕匙（饭勺）。勉强扯拢，说不圆范。许慎若能见到甲骨文，就不会这样错解了。

高脚碗盛饭，本是一个象形字，照笔画写出来便是皀bō。都嫌皀字难认，后人把它写成餺（简作饽），本义是指饭食。餺字后来变义，转指麵食和点心了。即字和既字都从皀，其差别在右旁。即字是人跪坐吃饭，既字是吃完饭后掉

| 篆文 | 金文 | 甲骨文 | 篆文皀 |

| 金文 | 甲骨文 | 甲骨文即 | 甲骨文既 |

开脸打饱嗝。难怪即字有就位的意思，既字有完成的意思。

食字用在偏旁，已被简化。例如饭字繁体作飯，从食从反，反亦声。黄河流域古人每天吃两顿飯，吃了上顿，又吃下顿，成了反复吃，所以飯字从反。又如馈字繁体作饋，《说文解字》解释为"羹浇飯"。羹字从美羔声，可知羹本音gāo。蜀人叫堂倌："来一碗羹汤。"羹正是读gāo。"羹浇飯"的羹同样也读gāo。吾蜀乐山人叫"告叫飯"，犹存古音。飯馆招牌误写成"盖浇飯"。

单 恋

前辈文字学家，只有陈独秀一个人，能认清此字的真面目。这就是單（简作单），见于商朝卜辞，有"东單""西單""南單""北單"的记载。这些都是首都朝歌城外的地名，而單被借作墠shàn，其义指古代的祭祀场。單字本义

| 繁体 | 篆文 | 金文 | 甲骨文 |

| 繁体掸 | 甲骨文 | 繁体战 | 金文 |

却不是祭祀场。甲骨文單,陈独秀认出来,是原始人打仗用的投石器。投石器见于基督教圣经《旧约》,大卫用投石器远击敌人。投石之器非常简易,一条绳缠一块石头,猛挥远投。旧时儿童自制玩具,一绳中段缀小布兜,内置卵石,紧握绳之两端,高举回旋加速,忽放一端,卵石即沿圆周切线飞出,可投很远。甲骨文單,上部象形,正是一绳二石,下

luán　　篆文　　金文　　古文

三个甲骨文

篆文心　　甲骨文

部象盾牌形，就是盾字，作声符用。單dàn盾dùn双声，对转互通。單在这里要读弓彈的彈，炮彈的彈，飞彈的彈。重庆有地名彈子石，此地卵石可供投石器用。古代打仗，射箭投石并用，所以合称"矢石"。《宋史·陈文龙传》提到兴化人石手军擅长投石打人。《水浒》军官有没羽箭张清"飞石打英雄"，一石打中鲁智深落下马。

撣（简作掸）是动词，音dǎn，义为挥打。鸡毛帚撣灰尘，蜀人叫撣帚子。

戰（简作战）字从單从戈。左旁远投，右旁近杀，皆兵器也。

戀（简作恋）字要讲清楚，非写繁体不可。戀字从心从䜌luán，䜌亦声。旧时山西老师戀读luán音，戀爱听成"乱"爱，学生哗笑。不识古音，少见多怪的是学生自己。

䜌这个字看篆文是从絲（简作丝）从言。看更早的古文和甲骨文，中间既不是言，两旁也不是絲，只见上爪握着三股线而已（中间一股错成言了）。周谷城先生说，湖南乡间，妇女搓麻成绳，谓之luán麻，即䜌麻也。䜌是双手交叉编织，就像女子双手握自己三股头发，交叉编织成辫那样，把三股线编织成绳。男女相好，感情交叉，你中有我，我中有你，纠结难解，事同缊麻，所以叫戀。稍有异者，戀字多个人心罢了。古人认为脑管思维，心管情意，所以忠恕慈惠，悲愁忌恐，事涉情意诸字从心。心字竖写谓之竖心。从竖心诸字有忻快怡怀惧怕愤悔等。

篆文心象形，上连气管，左右心房，心尖偏左，皆可一一指认。甲骨文心更简明些，在卜辞里容易误认作贝。

相 亲

闹市走走,光看不买,上海人叫白相xiàng,最得相字本义。伯乐相马,术士相面,找婚配的男女相亲,皆是这个相字。不是随便看看,相是仔细留心察看。国王委派值班大臣察看国事,称为宰相。相字从目从木,是人在察看一棵树。

| 篆文 | 金文 | 甲骨文 |

两个甲骨文目　　　篆文看

如果人是木匠，他就要当场判断材质的优劣，估计材积的多少，然后盘算宜造哪一类家具。

李白远游，相一座山，觉得好看。他想象这座山也在相他，诗就来了："相看两不厌，只有敬亭山。"这样就由相看引出互相一词，相改读xiāng，不再读xiàng。互相一词泛用，例如互相爱慕、互相吹捧、互相揭发、互相残杀，也不管是否留心察看了。

眼睛二字为形声字，已属晚造。古人单称为目，没有眼睛一说。眼就是目，睛指眼珠。甲骨文目多为左眼。注意内眼角，睑皮上搭下，谓之蒙古皱折，为我东亚人种特征。篆文目作偏旁使用，不得已而竖立，大不近情。

目是名词。用目看是动词。篆文看，左手搭棚看远方，这是象意字。

《说文解字》："親，至也。从見亲声。"至者到也，就是今人说的"到位"。凡事到位就是"零距离"。零距离就无间隔。由亲到而密切，又由亲密而无间隔，所以本家称为親族。金文親加宝盖，表明本家。进而称呼父亲母亲，又建立起血亲关系。记住，親字本义只是到位而已。親字从見得义。你要见到了，才算到位了。

今以親为繁体，亲为简体。其实亲字古已有之。亲能拿来做親字的声符，可见资历比親更老。只是五十年前文字改革，被强迫充当了简化字，活天冤枉。古之亲字，上辛下

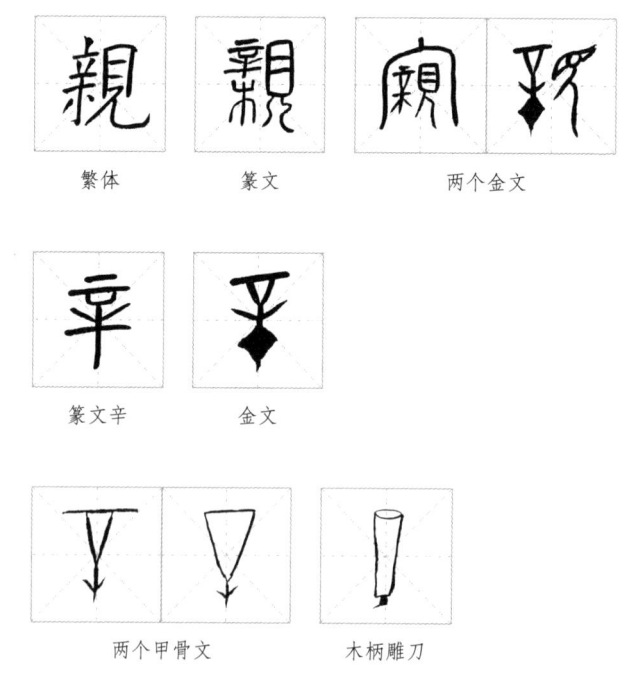

繁体　　篆文　　　　两个金文

篆文辛　　金文

两个甲骨文　　木柄雕刀

木。上辛象木柄雕刀之形，下木指木版。古之亲字即今鋠字，义为雕刀刻版。鋠（简作锓），侵也。用刀侵入木也。

两个甲骨文辛,上粗圆是木柄,下箭镞喻锋利(不是说雕刀作箭镞形)。甲骨文还有第三种写法,箭镞尖锋或偏左或偏右,暗示刀锋歪斜,与今雕刀完全相同。

親的两个金文,字形既不同,字义又相异,应该是二字。一个从見辛声,这是义为到位的親。另一个加宝盖,那是本家称为親族的親,也是相親的親。后人嫌烦,取消宝盖,二親合并。

医 药

医字古已有之,并非醫字简体。这个医读yī,义指兵器的衣套。战争结束,兵器入库,都要分类装入衣套,以利防潮、防锈、防腐、防蛀。五十年前文字改革,这个医被派去充当醫字简体,古义遂隐,人亦忘其为古字矣。这个医的甲骨文,一矢代表各类兵器,装入衣套。

矢字篆文象形。箭镞,箭杆,和箭杆尾端的受弦弧,皆可一一指认。受弦弧被极度夸大,字形就走样了,所以楷书矢字一般人看不出是象形字。

医字今已做了醫的简体,只好服从。醫字可以拆成三块,另作新解,以求圆融通顺。左上部的医可视为手术箱,矢镞有锋,就当作手术刀。右上部的殳shū本来是古代的竹制梭标,改作动词用,表示手术动刀。下部的酉是古酒字,勉强解释为酒精消毒吧。

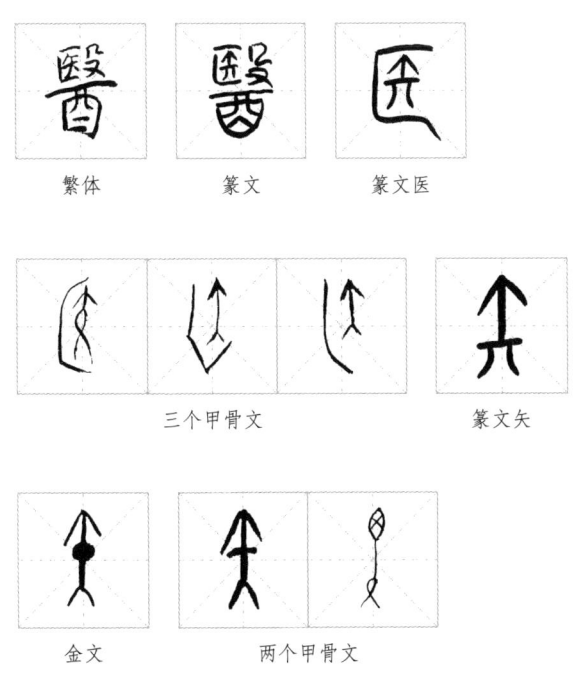

| 繁体 | 篆文 | 篆文医 |

三个甲骨文　　　　篆文矢

金文　　　两个甲骨文

樂（简作乐）有三个读音。旧时国文老师课堂点名，有学生姓名叫"樂樂樂"，老师读樂yuè樂yào樂lè，同学们便知晓他有学问。姓樂读yuè，仁者樂山读yào，快樂读lè，不可互混。音樂人语云："音樂治心病，草藥治身病。藥字从樂而来。"其说新奇可喜。《礼记·樂记》云："樂行而伦清，耳目聪明，气血和平。"又云："樂可以善民心。"又云："致樂以治心也。"音樂治心之说本此。

繁体　　　正体　　　篆文　　　繁体

篆文　　　甲骨文

细想一番，终觉不妥。藥（简作药）见于《诗经·郑风·溱洧》："维士与女，伊其相谑，赠之以勺藥。"勺藥即芍藥，作为连绵词，不能拆开讲，类同灼爍、玓瓅，有光彩悦目意。此花光彩悦目，故名芍藥。可知藥为芍藥简称，非从音樂而来。

造字之初，只有芍藥花名，并无藥物一说。芍藥初夏开花，有红白紫三色，产于中国北方。红芍藥块根性寒味苦，主治瘀血凝滞、经闭、赤痢、痈肿等症。白芍藥性微寒，味苦酸，主治血虚腹痛、月经不调、痢疾、胁痛等症。牡丹属芍藥科，古名木芍藥，也有黄红白紫诸色。牡丹皮同样有治病功能。总之，芍藥由于主治多种症状，古代最为常用，简称为藥，而其他有治病功能的种种植物，也就跟着被叫作藥。这样一叫，藥字概念升级，由芍藥而泛指各种藥草，再升级为一切藥物，后人遂忘其芍藥初义矣。

至于樂字，甲骨文是木上架设丝弦（繁体作絃），指絃樂器。后来概念升级，乃有音樂一说。而藥字不过是借樂字作声符而已。

商 艺

　　农耕社会，士农工商，人分四等。而行商与坐贾gǔ受到歧视，排在末尾。官方怕他们造反，民间恨他们发财。商指行商，货郎摊贩，本小利微，最受歧视。篆文商为何要从辛？辛象雕刀形，用来给罪人额上刻黥印（《水浒》误作金

| 篆文 | 两个甲骨文 | 篆文 |

| 金文呐 | 篆文呐 | 甲骨文 |

两个繁体　　　　古写　　　篆文

两个金文　　　　　　三个甲骨文

印），从辛表示地位低贱。辛下是篆文呐，呐喊的呐。货郎小贩沿途叫卖，所以篆文商要从呐。卜辞多有"在商""大邑商""王入于商"的记载，用作地名，在今河南省商丘市，为商朝的故都。三千五百年前，那是天下最大都邑，商业繁华，所以地以商名，称"大邑商"。商邑在黄河南。盘庚迁都黄河北的安阳，地名曰殷，商邑遂成故都。

　　商字本来有两个。请看另一个金文商，多两颗星，这是星名。商星三颗横排，中间一颗红亮名火，"七月流火"的火，夏夜见于南天，为商民族崇祀。到了篆文，星名的商合并入地名商。

至于呐字，从口内声。篆文呐，口在内之下。隶变后，口在内之旁，如今日所见。

藝（简作艺）字本义恐怕会使藝术家们大失所望。古所谓藝，既非文藝，亦非工藝，原来是种庄稼，农藝而已。看三个甲骨文，最初是种草（禾），其次是栽木（树），最后是在土上栽树木，只见双手，躯体省了。两个金文因袭了甲骨文，没啥变革。到篆文乃大变，详说之。

一变是蹲着出双手的农夫变形为丮字。篆文丮象用手拘持草，就是今之拘字。丮字今废，隶变成楷书后，又错成丸，改正是无望了。

二变是左旁原有木下加土变成了陸之省。陸（简作陆）是土地，可种庄稼。双手拘持禾苗，栽在陆上，也讲得通，这便是埶yì。埶是艺之古写，今废。《诗经·小雅·楚茨》有"我埶黍稷"句，埶字既废，排印本用艺字顶替。今人读《诗经》，以为简体艺周朝就有了，谁还认得古写的埶呢。

后人为了专指农埶，便加草头作蓺，这好理解。难解的是又加云作藝，据说是指孔子传授的六藝——礼、乐、射、御、书、数。难道加云是说云里雾里？或是孔子云（讲说）？

执 丯

前篇的埶yì，本篇的執（简作执），容易互混。字形太相似了，特此提醒恍恍。篆文執从丮，今已写成拘。丮拘古今字。左旁所从幸kù，今已写成梏gù。幸梏古今字。此幸kù不是幸福的幸。幸福的幸从羊，下面是羊，该多一横，作

繁体　　　篆文　　　金文

两个甲骨文　　　篆文　　　金文

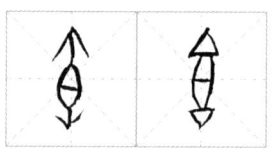
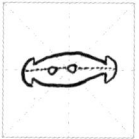

两个甲骨文　　　木制手铐形

幸。楷书谬矣,误减一横,作幸,致使两字混为一字。错得太久,改正无望。

甲骨文執,象罪人伸双手戴梏形。梏是古代腕铐,其字从木告声。梏用硬木制成,如图所示,上下两块合拢(虚线表示合缝),拼成鱼形。头尾两端用绳捆紧之后,两个洞孔正好卡住罪人腕部,双手抽不出来。梏今音gù,古音kù。考查语源,或来自袴(简作裤)。梏套双腕,就像袴套两腿,故名。古代的梏kù,变成现代的铐kào,kùkào双声可对转嘛。甲骨文梏象形,演变成金文和篆文就走形不像了。再变楷书作幸kù,混同幸福的幸,给文字学家出难题,害得大家瞽说瞎猜,公婆互相争论,不知谁对。其实,学问之趣,正在此也,是不是呢?

现在看来一清二楚,執字本义乃是拘捕罪人,戴上腕铐。字义泛化之后,握手,持物,履践计划,兑现法律,皆可曰執。

接着说丐。在今河南省内,黄河南北两岸平原,古称中原。四千年来,中原百姓频遭水旱蝗兵之灾,一波又一波的被迫逃亡,南下讨乞。甲骨文有丐字,专为那些逃亡的讨乞者而造。甲骨文丐,左亡右人。《左传》重耳去国,称为亡人。《说文解字》:"亡人为丐。"所谓亡人者,逃亡之民

异体丐　　篆文　　金文

甲骨文　　篆文气　　金文

甲骨文　　篆文亡　　甲骨文

也,特指中原逃灾荒的乞丐。

亡字本义并非死亡。亡绝不等于死。甲骨文亡从入。入象箭头,义为进入。其左旁的折线表示角落。进入角落,消隐不见,这就叫亡,正是逃亡。不必进入角落,"万人如海一身藏"也叫亡。孩子走失叫亡子,羊子走失叫亡羊。亡法很多,死为其一而已。泛而言之,人或物不见了都叫亡。那些逃灾荒的乞丐,沿途餐风宿露,一路闯州过县,自身固然存在。但是对于故乡而言,他们都不存在,是亡人。亡人二字组合成丐,异体匄字正是这样。

至于乞讨的乞,本无其字,乃借气字减掉一横以充当之,所以乞字无法拆开细讲。再说气字,篆文三条波线象空气之流动,妙。乞讨无关空气,借声造字罢了。乞丐二字,以音求之,都是今之给字。乞丐者街头求路人"给给",故名乞丐。

帮 贫

　　幫（简作帮）字不见《说文解字》以及《玉篇》，知是唐宋以来晚造俗字。幫字从帛，为丝织品，封声。封，古音同邦。幫字造来专指鞋幫。古人丝履，鞋腹左右两片曰幫。由此引申出从旁幫助义，难怪口腔两旁的双颊叫腮幫。至于行幫、黑幫、青幫、洪幫、四人幫，更是引申之引申，延长之延长。

　　幫字用封做声符，借声不借义。封字雏形为丰。甲骨文丰象草木丰茂意，是形容词。丰下有加土者，从土丰声，意思遂变成封土了。封土即垒土，就是周天子划土地给诸侯，允许立国，这叫封建。封指国界垒土，建指国中插旗。金文加手，垒土用手。篆文右手变寸，意思未变，但是土上的丰错成之了。垒土为界又孳生出封锁一词。皖南民居，屋上垒封火墙，俗误作风火墙。

繁体　　篆文邦　　金文

甲骨文　　篆文封　　两个金文

三个甲骨文

简作帮字用邦做声符，亦借声不借义。篆文邦从邑，指城邦，丰声。丰，古音同邦。甲骨文封与邦古音同。看字形，一个从土，一个从田，意思也同。有所不同者，封是动词，邦是名词，仅此而已。邦字从邑。邑上口非嘴巴，乃是象城郭形。邑下巴非巴蛇,乃是古之节字,作声符用。

貧(简作贫)从貝(简作贝)。认貧先认貝。貝指海贝,又名海蚆,为软体动物之一种,有壳体。古代用贝壳做货币,故称货貝、宝貝。商周两代通用齿贝。齿贝腹面平,有齿缝,背面凸,有纹理。甲骨文貝象齿贝的腹面。金文和篆文象海贝的活体,伸出肢体来。贝币到秦代已废除,仅在边远地区使用。最可异者,云南一直用到清代初年。当地规定,一貝为庄,四庄为手,四手为苗,五苗为索(等于八十贝)。古人造字,凡事涉金钱者,例如繁体資、財、買、賣、貢、賞、貪、賊,莫不从貝。

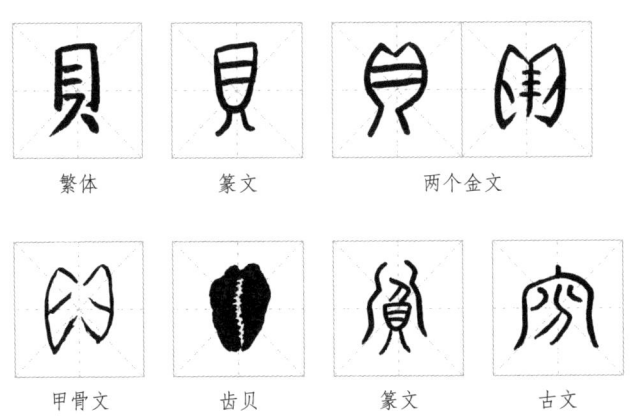

繁体　　篆文　　两个金文

甲骨文　齿贝　篆文　古文

貧字从貝从分。分貝为貧，是说资金和财物，愈分就愈少。资财少了，家就貧了。与貧相反，富是宝盖下面一具扑满（攒钱罐），只见钱进去，不见钱出来，愈攒就愈多。古文貧，宝盖下面一个分字，专指家貧。旧时乡村大户人家，几房人口吃大锅饭，最怕分家。貧字是这种心理的反映。

顺便说分。分字从八从刀。八即扒，扒皮而两分之。刀，用刀割。原始人分猎物，先剥皮，后刀割，所以分字从八从刀。

楼 层

先说婁（简作娄），后说樓（简作楼）。金文和甲骨文，婁字象形。细看是女头上顶一只簍（简作篓），是用左右双手举上去的。簍，南方以竹条编，北方以柳条编，用于盛物，顶在头上。背驮曰负，头顶曰戴。孟子讲仁政，主张

| 繁体 | 篆文 | 古文 |

| 金文 | 甲骨文 | 繁体 |

"斑白者不负戴于道路"。旧时乡村运输，有车推的，有肩挑的，头顶戴的仅见于这个夐，堪称化石文字。古文和金文，夐上双折线象竹柳编纹。到篆文仍旧是女头顶夐，但是夐下多出一口。口非大嘴，而是头上用草编的垫圈。夐置垫圈之上，更加稳定，便于急走。这只垫圈是狱中陈独秀看出来的，令我惊喜，十分佩服。

城门上面盖屋，正像妇女头上顶夐，所以跟着叫楼。《说文解字》："楼，重屋也。从木娄声。"重屋者，屋上又盖屋也。古代攻城要用楼车，见于《墨子》。楼车就是一座安装四轮的多层木塔，用于俯窥城内情形。楼是空间的多

层，换成时间的多次，便是"屡教不改"的屡（简作屡）。可知楼屡二字既取娄声，又取娄义。娄即篓也。

先说曾，后说層（简作层）。有人要姓曾，所以才造出曾字，是这样吗？不是这样。曾字是甑字的古写。瓦旁是后加的。曾甑为古今字。篆文曾象形，下面一锅水，中间是甑子有气孔（甑箅子），上面冒蒸气。甲骨文曾只画甑子冒气。用刀刻甲骨，曲线难，直线易，所以圆甑变方了。甑内有十字形的气孔。甑是名词，作动词用，就写成烝（今误用草头蒸）。你看烝字下面四点，那是火字。沸水锅下要烧火嘛。至于姓曾，曾乃周代山东地名。地名需加邑旁作鄫。曾是地名当作姓用。当然，这地名也是从甑字来的。

现在说層（简作层）。先造曾（甑），后造層。《说文解字》層楼二字意思相同，都是"重屋"。金文和甲骨文没有層，可见晚出。層屋二字皆从居省。意思是说，層字上面的尸，是居字省掉古，这就叫从居省。重屋也好，平屋也好，都是拿来居住的嘛。尸与屍本来是两个字。尸是《庄子》书上说的"尸居"，就是倚壁而坐。屍则是死屍。五十年前文字改革，派尸做了屍的简体，此后屍体写成尸体。成语"尸位素餐"该怎样讲解呢？死人白吃饭吗？岂有此理！

机 车

先说幾（简作几），后说機（简作机）。篆文幾从二幺，从人，戈声。今音戈gē幾jī相去虽远，古音可通。gē可转gī，再转为jī，所以可通。《说文解字》："幾，微也。"我想微小恐怕不是幾之本义。古人造字，都有实物可

繁体　　篆文　　金文

甲骨文　　繁体　　繁体

指，不给抽象概念造字。幾所从的二幺，不要看作两个幺字，应该整体视为虱卵象形。旧时贫穷，不讲卫生。内衣内裤，寄生虱子。啮肤搔痒，吸血传病。虱子缘衣缝而产卵，两两相连。所谓二幺，作88形，如甲骨文所见，应是虱卵四粒。虱卵微小，椭圆晶亮，掐碎有声。虱卵名蟣（简作虮）。虫旁是后加的，幾本来指虱卵，而88象其形。幾又从

人者，虱卵寄生在人体也。幾加虫旁成蟣以后，幾字就空出来，泛指微小。顺便说璣（简作玑）。小珠而不圆者曰璣，取象于蟣。最后说几。几字古已有之，指矮小的桌子，不该派去做幾的简化字。

至于機（简作机），本来是指弩機。弩箭柄上，钩劲弦的弩牙名曰機。機虽微小，却能控弦，轻抠便发，射杀力强。后来就把各种设置巧妙的器械叫做機，近代遂有機器、機械、機车、电機、缝機、飞機以及機会、機密、危機、心機诸词。

車（简作车）是个象形字。甲骨文車象马車形。请看左右車轮，中间車厢，有車辕和马轭。两个金文，有省略了車辕和马轭的，更有以一轮象征一辆車的。繁体車正是以轮象征車。注意，轮轴两端横插有短铁键（雅名曰辖），来自金文。清代王筠认为，繁体車字象車全形，中间是方車厢，車轴两端横杠，从空中向下看是車轮。其说有趣，勉强可通。

繁体軍字，車上盖幂。看篆文才明白，哪有什么幂啊，那是包字省略，是从包省。为啥車包为軍？原来古代作战，軍队驻扎，规定战車向外环列，包围成圈，全軍人马住在圈内。这样夜宿安全，出击方便。原来軍这个字含有軍事常识。

繁体陣字，左包耳是阜字。阜是山坡，篆文象梯级形。战陣摆在坡下，才有靠山，"九里山前作战场"嘛。陣从

153

車，指战車。古代阵势以战車为主力。现代作战，步兵仍然尾随坦克前进。篆文阵所从車笔误作東（简作东），写成楷书成陳（简作陈），俗呼包東陳。所以阵陳本来一字，阵列就是陳列。篆文阵右旁俗呼反文者即今之扑字，其义为打，打仗的打。

盗 窃

盜（简作盗），义指偷盗，盗窃。严格说来，强盗明火执械，公然劫夺，已经不算盗了，古谓之贼。贼字从戈，便是使用武器，恶行远胜偷窃之盗。盗罪轻于贼罪，自不用说。盗字从皿。皿是高脚菜碗。盗就是偷菜碗？非也。究竟

繁体　　篆文　　篆文皿　　甲骨文

篆文次　　篆文欠　　甲骨文

偷啥，等等再讲。

请先讲皿上的三点水一个欠，㳄，此字音xián，乃是垂涎的涎字之古写。㳄涎为古今字。垂涎就是对着美食流清口水。㳄从欠从水。篆文欠是人上一个气字。人上一气表示困倦引起的深呼吸，也就是打哈欠。打哈欠时，不自觉地流清口水，正是㳄字。顺便说次，从欠从二。注意次字左旁并非两点，那是二字。打哈欠有传染，惹得邻座也打，所以欠字加二为次。大舌头发不出卷舌音，第二改说其次。次者二也。可知㳄次二字不可混淆。

现在回头讲盗。对着高脚菜碗流清口水，一定是因为碗

| 繁体 | 篆文 | 篆文米 |

| 甲骨文 | 篆文禼 | 古文 |

中有美食，馋得慌，偷嘴吃。天啦，这就是盗！仓颉夫子未免太上纲了。小时候我你他谁没盗过？儒家君子教人防微杜渐，造字如此。我们不妨微笑，表示理解。

窃（简作窃）字不见金文，更不见甲骨文，显然是晚造字。已经有了偷盗的盗，为啥又造盗窃的窃？原来盗乃自家偷，窃乃外来盗。从何而知是外来盗？窃字从穴。此穴必为墙上打洞，钻进来偷，当然是外来盗。秦晋高原农村，窑洞门扇上方，都留有窗穴，以利通风采光。篆文穴象窑洞窗穴之形。穴字后来泛指一切孔洞，包括墙洞。

唉，夜半天寒，辛苦劳累，墙上打洞，爬进去偷啥哟？天可怜见，他只偷米！难怪老夫子们感叹"先民质朴"。米字本指小米。小米杵臼脱粒，然后过筛。甲骨文米，中间一横是筛子的侧视，上面三点是麸壳，下面三点是小米。偷米的现已改行，只偷存折和现金。也不兴打洞，只撬锁。大家都要与时俱进嘛。

窃又从卨（简作禼）。卨xiè字象形，是蠍（简作蝎）字古写，专指毒蠍。失窃之家愤恨钻墙洞的外盗，比为毒蠍，所以命名曰窃，造字时便用卨做声符。确而言之，窃字从穴从米，卨声。

157

告 警

先说牛。牛字象牛头形。两个金文加以比较,便能看出图像怎样变成文字,一笔一划皆有来历。告字谜语:"一口咬断牛尾巴。"由此可知,告字从牛从口,牛口为告。古无叫字,告就是叫。田野宁静,牛的叫声韵味悠长,如遥远的

篆文牛　　　两个金文

篆文　　篆文梏

呼唤。呼唤，叫唤，皆告唤也。古代祭祀，先要条声悠悠叫唤神灵之名，是为祭告。又要呼吁神灵保佑，是为祝告。政府有宣告，公安有警告，商家有忠告，百姓有控告。洪声亮嗓后来都转化成白纸黑字，仍然曰告。原本是牛呼叫，移用于人。有个牟字，指牛叫声，义非呼唤，与告不同。

牛若性情暴烈，尖角行凶撞人，主人须用三尺木棍横捆在双角上，使其有碍，无法撞戳。这就是《易经》的"僮牛之告"。僮牛者撞人之牛也，此僮即今撞字。告者梏也，此告借作梏字。梏字本义就是牛角上捆横木。用于人类，便是警用械具，在脚曰桎，在手曰梏，所谓桎梏。梏字今音gù，其实就是銬（简作铐）。在牛双角之梏，在人双手之铐，情形相似。梏铐既然是古今字，梏就应该读kào。

说警先说敬。当初造敬字，绝非指尊敬。敬字拆开看，找不出半点尊敬的意思。敬字左旁从苟。《说文解字》认为

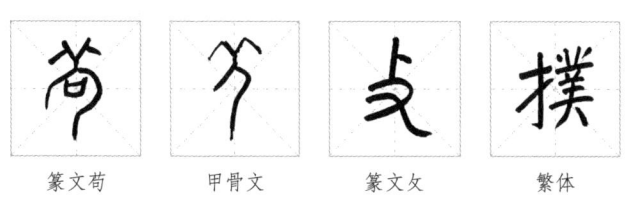

篆文苟　　甲骨文　　篆文攵　　繁体

苟字从草句声，草名。世间未听说名叫苟的草，许慎可能错了。万一真有苟草，那就更成问题，因为从草与尊敬的意思牵合不拢。敬字右旁从攵pū，俗呼反文，篆文从又（右手）卜声，乃是撲（简作扑）字古写，义为拍打，更与尊敬的意思扯不拢了。

从草句声的苟，原来是个错字！上面并非草头，那是狗耳象形。下面是狗直立象形，口是苟的声符。苟乃狗字古写，笔画错成草头，为时既久，要改正已不可能了。回头看这敬字，恍然大悟。左旁一条狗，右旁一只手执棍预防。由此可知，敬字最初义为警觉，亦即自儆jǐng，所谓提高警惕。

官场自来等级森严，下级面见上级，小心翼翼，自儆自策，深怕不妥。这在旁人看来，重在表现，他是下级尊敬上级，于是敬字转换成尊敬的意思。至于警字，则是用语言儆他人，而非自儆。

苟本是狗。姓苟之家改写成苟，意在避嫌。

春 秋

说春先说屯。甲骨文卜辞里，常见"今屯""来屯"表示某个时段，看来就是"今春""来春"。篆文屯，一横象地平面。地平面下，一株小草，根茎扭歪，暗示正在挣扎，而草尖已破土冲出来了。甲骨文屯，草尖近似菱形，显示锐

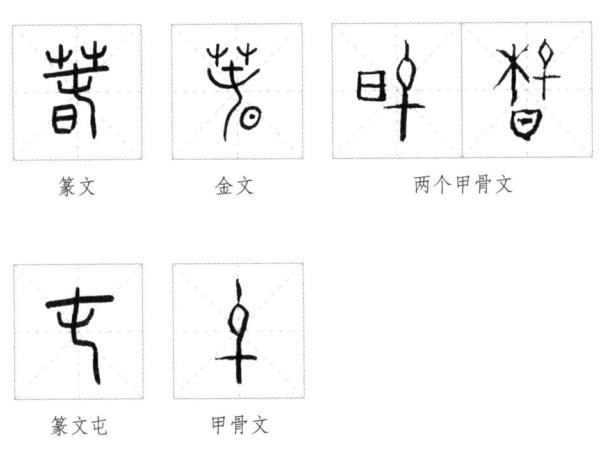

篆文　　金文　　两个甲骨文

篆文屯　甲骨文

气上冲。这个屯应该是草萌芽的象形。想起古诗"春动草萌芽"句，便明白屯就是最早的春字，初义仅指小草萌芽。后来甲骨文又在萌芽旁添加一木，表示树也萌芽，又加日旁，用来表示春季。金文春又改木旁为草头。篆文继承下来，隶变为今之春。

黄河流域冬季严寒，草木枯黄，不像成都平原的"季冬草木苍"，所以腊月过完不久，忽睹平野小草新绿，印象特别深刻，由此造出屯字。又加日旁，变成春字，字义也跟着变，不再指草萌芽，而专指春季了。顺便说说，商代早期只有春秋两季，尚未设置夏冬二季。具体说来，上半年为春

季，下半年为秋季。

屯是小草萌芽。嫩芽冲破冻土，颇费时日，殊非易事。屯加金旁成鈍（简作钝），义为不快，也就好理解了。

秋字有异体，火上多一黽（简作黾）。这个异体秋字，成都少城公园保路纪念碑上就有，字径巨大，引人注目，却困惑了古今文字专家，为此聚讼不已。为何引起困惑？我看是由于古人误认虫为黽。请溯其源，先看两个甲骨文秋。这明明是小虫蟋蟀。立秋蟋蟀准时鸣，先民用蟋蟀表示秋。蟋蟀，上海人叫秋虫。这是虫形，不是黽形，黽无口须。古人怕被误认，所以又加火旁保险。此火乃是"七月流火"之火，指大火星（不是太阳系的火星）。大火星即古代东宫苍龙七宿中的心宿二，今为天蝎座阿尔法星。此星红亮惹眼，每年初秋黄昏以后准时见于南天。先民观星以定季节，所以也用大火星表示秋。商朝亡，甲骨文隐没，过渡到西周的籀文，蟋蟀笔划错成黽形，最后形成异体秋字。应该说，这是个造成古今困惑的错字。

秋字及其异体错字，同源出于那两个甲骨文。篆文秋从火从禾，抛弃了异体秋所从之黽，也就避开了错误，还省了笔划。从禾，禾稼成熟于秋。从火，仍然是大火星表示秋。甲骨文卜辞里后来始有"今秋"，秋字正是一只蟋蟀，难怪蟋蟀又名秋虫。鸣声啾啾，"其名自呼"，或许秋就是蟋蟀的古名。

年 富

高粱有一种性黏的,也就是黏高粱,北方叫黄米子,深秋成熟,可酿美酒。古人特看重这种黏高粱,单独取名曰年。年者黏也。年黏二字音nián相同。因为性黏,所以叫年。甲骨文卜辞里,年字常见,例如"受年""求年""有年",都是用年(黏高粱)代表一切粮食作物,祈求丰收之词。北京天坛有雄殿名祈年,皇帝在此祈求上天保佑粮食丰收。旧时风俗,腊月兴吃年糕。那是一种糯米做的甜味糍饼,切条油煎食之。北方用黏高粱做年糕,或呼黄米糕。可知年糕者黏糕也。注意,

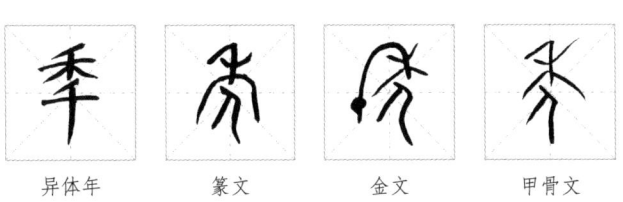

异体年　篆文　金文　甲骨文

年字用在这里指黏高粱,与岁月无关系,与过年无关系。

甲骨文年从禾从人。从禾好说,禾乃小米,小米作为禾稼符号,黏高粱也属于禾稼类。为啥从人?人指植物子实和果实的内仁,例如杏仁、苡仁、花生仁。这些仁字本作人字。黏高粱的子实内仁,就是北方做糍糕的黄米子。当初造年字,专指黄米子。周代重农,收一茬黏高粱,算作一年,从此以年代岁。

金文年要突出黏高粱的大穗,着一圆点。隶变之后,禾下的人字误加短横成千字,错到底,没改了。

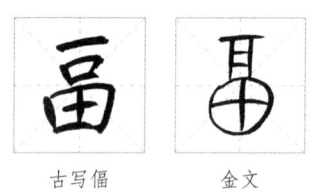

古写畐　　金文

说富先说畐bī。畐是已废的古写字,后来都写成偪(简作逼)。《说文解字》:"畐,满也。"扬雄《方言》说,容器盛得太满,快要涌出来了,就叫"偪满"。又说,食多腹满也叫"偪"。这是汉代古人的说法,今人改说肚子偪胀。满了会胀，胀由于满，所以今之偪胀等于古之偪满。心中压抑不快，谓之憋闷。场内拥挤不堪，谓之爆满。憋闷，爆满，语源出自古之偪满。据《说文解字》说，偪等于满。单言之，可曰偪，可曰满。复言之，则曰偪满。复词偪满若作名词使用，就是扑满——陶制的攒钱罐，也就是《老子》说的缻。旧时小孩从罐口投入硬币，只能存入，不能随意取出。须待罐内硬币偪满之后，敲破陶罐，钱乃哗哗散出。在小孩眼里，散出的是一笔巨款，十分惊喜。小孩天天盼望罐内偪满，所以器名扑满。扑应是偪的音转，扑满即偪满，也是爆满。

请看偪的金文，显然象容器形，那就是古代的瓶型扑满。瓶颈部有横缝，硬币由此投入，积存瓶内。扑满象征钱财，放置在宝盖下，便指有钱人家，这样就造出了富字来。

我 族

少时从未想过,我字指的不是我自己,而是一种农用工具!原来当初造这我字,不是为了用于第一人称。然而,读者要问:"三千五百年前,甲骨文刻写的卜辞上面多有我字,一一通读,都是用于第一人称,这又怎讲?"我答:好讲,这

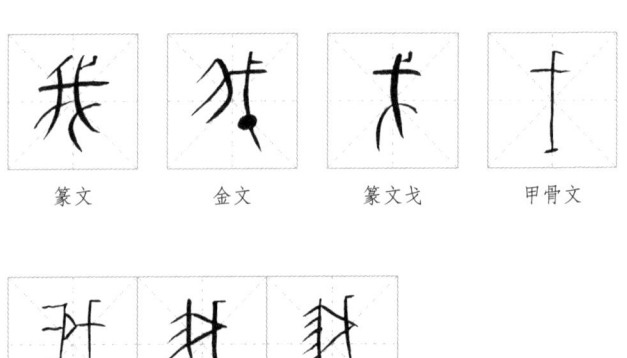

篆文　　金文　　篆文戈　　甲骨文

三个甲骨文

叫借用。借其读音而使用之，相当于写代替字，亦即写别字。古人用字惯于如此，实不足怪。

先说戈字。戈乃古兵器，又名平头戟，旁出横锋，可以左砍右刺，柄端有小圆镦。甲骨文戈象形。篆文夸张了小圆镦，放大成三股叉，使人误认。我字右旁戈，表明属于武器类。甲骨文我，若拿掉戈，剩下左旁形符，象何物之形呢？答：农用五齿耙，北方用来扒草，南方用来薅秧。甲骨文有简作三齿的。三齿耙的我字由金文而篆文，字形走样，遂难认出原形。落到猪八戒手中，就成了钉耙。武器类的镋钯亦由此来。成都有镋钯街。

据《说文解字》，俄字本义为歪着脖子偏着头，所谓"俄顷"是也。一切齿耙正是歪其颈而偏其头（耙类以齿为头）。可知俄字从我（齿耙）取得字义，反过来旁证我为农用齿耙，也可作武器用。

族字本非为家族民族而造。先民狩猎为生，造此族字，专指射杀野兽的箭杆尖端之鏃（简作镞）。金旁乃是后来加的，最初只作族字，且与家族民族无关。箭鏃今称，古称矢鋒（简作锋）。族字既然从矢，可知此物附属于箭。先看甲

骨文矢，象形，箭镞、箭杆、箭羽、箭括皆可一一指认。箭括是箭杆尾端的小凹槽，为受弓弦之处，太细微，不好画，姑以夹角象形，加以夸大。金文矢用一圆点或一横杠象箭羽形。篆文矢，由于箭括被夸大到讲不通的地步，说是象形不如说是写意。夸大的结果是矢字不再像一支箭，虽然也算是象形字。

古籍记载，矢分八类，各有用途。枉矢、絜矢带火发射。杀矢、鍭矢用于近射。矰矢、茀矢用于弋射。恒矢、痹矢用于散射。八类不同的矢，差异主要在箭镞形制上，有梭形、锥形、双刃、三棱等等的不同。兵器存库，同类箭镞总是放置同处，以便提取。《左传》有云："非我族类，其心必异"族谓镞也，心谓锋也（《诗经》棘心即棘刺之锋）。这是双关话，正如"笑里藏刀"，笑谓鞘也。

家族民族之说，借了箭镞分类概念，用于人群分类。族被久借不还，后人不得不加金旁另造镞字，用以继承矢锋原义。

族字拿掉矢字，剩下部分是已废的yǎn字，义为军旗上的飘带，就是旗旐，象形。旗旐用在这里代表军旗。矢为兵器，尖锋杀敌，是在军旗之下进行，所以族字要这样造。

康 宁

说康先说广。说广先说厂。半个世纪前，那时尚未推行汉字简化，厂字读àn，就是山岸河岸的岸字，象形。金文厂，横杠为岸边台地，向左而下，可以是山壑，可以是河流，都不画，省略了。而广字呢，那时读ān，就是庵字，专指半敞开的廊屋，象屋顶和屋墙之形，屋顶之下，屋墙之内，便是走廊。康字从广，可知康事是在廊屋下操作的。

康是做哪件事？《孟子》说周文王亲身从事"康功田功"。田功乃是耕田理稼，康功则是舂粟筛糠。康，古糠字。舂粟筛糠，此事在廊屋下操作，所以康字从广ān。

甲骨文康，显示双手举杵而舂。农家收割榖（简作谷）物，脱粒以后，杵臼舂之。臼省略不画，而用四点象粮粒和糠壳之形。金文承袭下来。篆文改四点为从米。今之糠字方

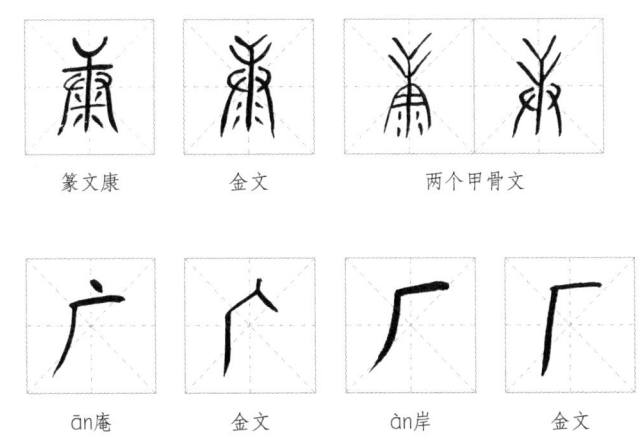

篆文康	金文	两个甲骨文	
ān庵	金文	àn岸	金文

才从广，而且移米成为左旁，下面恢复四点，仍象粮粒和糠壳之形。

糠是过筛后的空壳。康字义为空虚。稍稍空闲谓之"小康"，出自《诗经》。抽空作乐谓之康乐。太平无事谓之安康，无事正是有闲。身强体闲，无疾病事，谓之健康。

《管子》说"民以食为天"，绝非提倡美食。今人狂热美食，多已忘却饭碗曾经是人生的大问题。宁（简作宁）的两个甲骨文很有趣，用饭碗象征安定，正如富的金文用攒钱罐象征财富。饭碗之下，丁做声符。最古老的宁字从皿丁声。既然丁做声符，可知那时宁字读dīng，其实就是稳定的

173

繁体
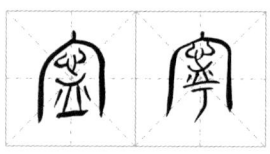
两个篆文

两个金文
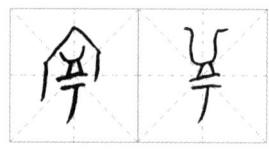
两个甲骨文

定。高脚碗，底盘宽，不易倒，很稳定。置之家中，饭碗有了，带来安定。旧时谚云："三日无粮，父子不亲。"饭碗之功大矣，可不敬哉？

宁字那时音dīng，缓读拖成dīngníng二音。尾音分离出来，宁字就改读成níng，这便是今音了。顺便说说，声符丁字象蜻蜓形，可以说就是晚造的蜓字。难怪甲骨文宁可以读tíng，例如卜辞里的"宁风"即停风（吁请暴风不要吹了），"宁雨"即停雨（吁请淫雨不要下了）。到了金文，宝盖之下添心，表示心安（饭碗安定民心）。为了字形美观，金文有时省掉声符。篆文承袭下来。隶变后形成繁体宁字。繁体寍字真好，能教导执政者怎样去实现安宁。简体宁字蛮横，强占古字宁zhù的字形，又硬把安寍和姓甯合并成一个宁，而且不用心，也不要饭碗，实在荒谬。

要 的

中古以前，尚无腰字，只有要字。要yāo就是腰。两个篆文要字象女子细腰形：第一个是双手横插细腰，第二个是突出丰胸，省略臀部，反衬出细腰来。《墨子》说"楚灵王好士细要"不用腰字，因为那时尚无此字。腰部束带，所以

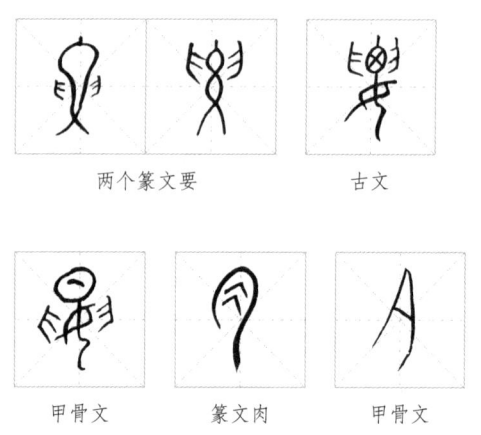

两个篆文要　　　古文

甲骨文　　篆文肉　　甲骨文

要字有约束义,"要盟"就是结盟,互相约束。腰居人体中段,重心所在,所以抓住重心谓之"提要",中途拦抢谓之"要劫"。腰处中枢之重,故曰重要yào。要人、要塞、要津、要害诸词由此产生。

要与欲古音通,所以欲求写成要求,这叫通假,借音而已。又有邀写成要,见《桃花源记》的"便要还家,设酒杀鸡作食"。

回头说甲骨文的要,那是女子头顶圆篓,双手插腰,标准戴物姿势。此处双手横插,为了指示腰部所在。古文双手移上,就莫名其妙,倒容易认成篓字了。

晚造腰字,方才添了肉旁。篆文肉象火腿之形,肉脱水,起皱折。甲骨文肉象蹄膀倒置形。

《说文解字》拒绝承认的之为字,所以翻遍此书,不见的字。其实早在战国末年已有的字,见宋玉《神女赋》之"朱唇的其若丹",的字为形容词,义为明亮。的在句中形容神女朱唇鲜明醒目,漂亮惹眼。的字从白。白色比诸色更明亮,所以白有明亮之义。《庄子》说"虚室生白",意为室内家具撤空,增加明亮,白义仍是明亮。

不过明亮并非白之本义。甲骨文白象大拇指之形,所以大哥称伯(最大),二哥称仲(中间)。商朝崇尚素丝之色,尊素色为老大,所以就把素色叫做白色,意思就是老大之色。到《庄子》书,白义又转为明亮了。你看,倒了多少拐呀!

篆文　　甲骨文　　diào钓　　金文

的字右旁勺是声符。金文勺象钓钩挂饵形,可知勺是钓字古写。勺diào音转成dì,做的之声符。的字最初形容明亮,到了汉代,转指女子妆饰在脸上额上之小红圆点。这也鲜明醒目,漂亮惹眼,仍然不离的之明亮本义。后来箭靶中心小红圆点也跟着叫的了(有的放矢)。射箭以的为准,所以准确说成的确。元明清以来,白话文借的字替换之字,吾之尔之从此写成我的你的。现代汉语滥用的字,一句三个的,无的不成文,可哂。

到 今

《说文解字》作者许慎,东汉晚期人,未见过古老的甲骨文,所以许多篆文他都解说错了。篆文至字,他说象鸟飞至地,不知甲骨文乃象矢着地。箭射向远方,箭杆抛物线进程的终点,必是箭头先着地,这便是至。以象表意,至就是

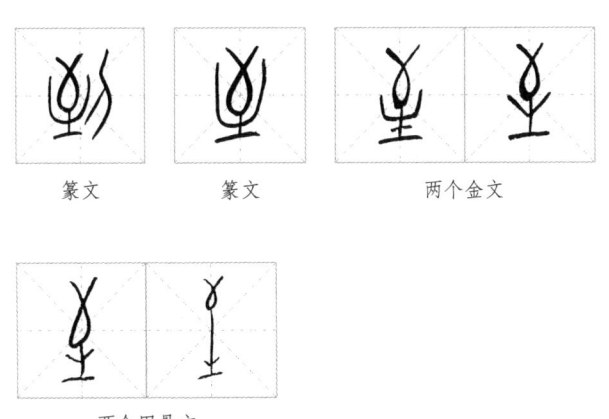

篆文　　篆文　　两个金文

两个甲骨文

象意字。箭头下面一横,地平线也。金文有用土代替一横的,可作旁证。篆文至由于变形过甚,被我误看成燕子飞来屋檐下,真是美丽的错误。又联想到《礼记·月令》之"仲春之月玄鸟至",燕子古称玄鸟啊。正好发挥想象力,愈想愈有理。写诗可以这样,做学问不可以。做学问要求拿出证据来,要实证。甲骨文有长箭杆而小箭头的,一望便知是矢非鸟,此证据也。

华夏中原辽阔,各地语言或有差异。表示抵达某处,甲地人曰至,乙地人曰到。意思虽同,语言却异,写出来便成

了两个不同的字。到字不见金文和甲骨文，知是晚出。到字解开，从至刀声。倒字更是晚出。《尚书·武成》"前徒倒戈"之倒，人旁恐系后人添补，所以《说文解字》书中尚无人旁的倒字。《庄子·外物》"草木到植"借到作倒。如果当时已有倒字，他何必借。

今这个字难说。先民狩猎，尖楔劈裂树桩，短棍横撑裂缝之间。然后挂饵，设置触机。野兽来攫肉饵，必定牵动触机，致使短棍滑落，树桩裂缝猛然收紧，夹住兽爪，无法脱逃，嚎叫待擒。这种很古老的猎术传承改进，变成金属捕夹，更加厉害。

请将甲骨文今字倒置，便知愚说不谬。这个倒A正象树桩从上劈下的裂缝，短棍横撑其间，而触机附其上，肉饵则省略了。今这个字象树夹形，三千年后终被识破。我思先民，满怀敬意。现在问擒字为啥用今字做声符，也就有解答了。那正是名词今（树夹）作动词使用啊，写出来就是擒。

鈐（简作钤）錢（简作钱）二字古音都是读jiǎn，与剪同音。据《说文解字》，鈐字古义是指双尖犁铧，錢字古义同样是指双尖犁铧，原本一字两写。这种双尖犁铧形似双刃剪刀，所以读音与剪相同。剪刀双刃合拢，正似树夹收紧，由此可以推测，今字古音同剪。今jīn剪jiǎn双声，可以对转。今与鉗也有关系。

今字若作动词使用便是擒字。先民狩猎思维，他们所说的今日，意思是指被擒住的一日。对他们而言，昨日已逃掉，明日未来到，唯有今日被他们擒在手。

时间老去　文字不死

老愚工作室